"페르 아미카 실렌티아 루네(per amica silentia lunae)"는 로마의 시인 베르길리우스의 미완성 작품 아이네이스에 등장하는 라틴어 문장입니다.
아일랜드 시인 윌리엄 버틀러 예이츠는 1917년, 그의 나이 52세에, 자기 영혼의 역사를 기록하겠다는 신념으로 특이하고 몽환적인 분위기의 산문집 한 편을 완성합니다. 그리고 이 산문집을 'Per Amica Silentia Lunae'라는 제목으로 출간합니다. 이 라틴어 문장을 번역하면 '달의 친절한 침묵 속으로(through the friendly silence of moon)'라고 표현할 수 있습니다.

페르아미카실렌티아루네는 줄여서 '페르아미카'로 부릅니다.
도서출판 페르아미카는 독자분들과 함께 기쁜 마음으로 불확실한 삶을 건디는 지혜를 나누고 싶습니다.

WITCHERY: Embrace the Witch Within by Juliet Diaz
Copyright ⓒ 2019 by Juliet Diaz
English language publication 2019 by Hay House UK Ltd.,
All rights reserved.
This Korean edition was published by Per amica silentia lunae in 2023
by arrangement with Hay House UK Ltd., through Hobak Agency.

이 책의 한국어판 저작권은 호박 에이전시를 통해 Hay House UK Ltd.와 독점 계약한
페르아미카실렌티아루네에 있습니다.
저작권법에 의해 한국 내에서 보호를 받는 저작물이므로 무단전재와 무단복제를 금합니다.

** Illustration from the novel Salammbo (Gustave Flaubert), 1935, Almery Lobel-Riche

불타버린
마녀의 수첩

줄리엣 디아즈 저

황소연 역

나의 파트너, 윌 콜론에게.
나의 보호자로, 나의 늑대로,
답을 찾는 여정 내내 내 곁을 지켜 준 당신
고맙습니다.

나의 아이들, 에이던과 미카에게.
크나큰 축복으로 내게 와 주어 고맙다.
너희들은 위대한 마법으로 내 삶을 바꿔 놓았어.

나의 선조들과 안내자들에게.
옆에서 함께 걸어 주고
내 모든 숨결을 인도해 주셔서
고맙습니다.

마녀가 된다는 건

진정한 당신을
힘으로 내보이는 것이다.

006	마법 의식과 마법 기술, 마법 포션, 마법 훈련 목록
009	마녀의 여정을 시작하며

제1장: 사전 작업

015	마법이란 무엇인가?
019	마법사의 태도
025	초보 마녀를 위한 Qs & As
030	마법의 힘 풀어내기
041	마녀는 자신을 사랑한다

제2장: 마녀의 수련법

054	마법 훈련을 시작하며
056	명상
062	그라운딩
067	에너지 끌어내기
074	마법의 실현
078	내면의 감성
084	달과 마녀
091	마녀의 계절

제3장: 생활 속의 마법

107	마녀의 수첩
109	그림자 책과 마법서
114	제단 만들기
117	선조의 지혜 활용하기
125	정화와 방어

제4장: 마법의 허브가 자라는 마녀의 정원

마녀의 정원을 소개합니다	133
사랑을 부르는 마법	135
마음의 상처를 치유하는 마법	139
방어 마법	143
성공을 부르는 마법	147
부와 풍요를 부르는 마법	151
행운 마법	155
치유 마법	159
청결 마법	163
새로운 시작을 위한 마법	167
심령 강화 마법	172
소원 마법	176
나만의 마법 만들기	181
내 마법은 왜 이루어지지 않나요?	185

제5장: 의로운 마법

지구를 치유하는 10가지 방법	190
마법과 양심	192

제6장: 여정은 계속된다	195
제7장: 마녀들에게 보내는 러브 레터	197
연락하고 지내요 & 세상의 마법 상점 & 저자에 관하여	200

마법 의식과 마법 기술, 마법 포션, 마법 훈련
목록

마법 의식

* 이 책을 위한 성유 의식
* 마력을 되찾는 의식
* 치유의 편지를 쓰는 의식
* 마법의 원뿔을 끌어내는 의식
* 그림자 책, 마법서, 마녀의 수첩을 축복하는 의식

마법 포션

* 명상을 돕는 마법 포션
* 그라운딩과 중심화를 위한 마법 포션

마법 기술

* 내면의 유령을 내쫓는 목욕
* 자아를 되찾는 목욕
* 충전과 리셋을 위한 족욕
* 깊은 명상을 위한 꿀단지 마법
* 치유 에너지를 반사하는 거울 마법
* 소원을 비는 촛불 마법
* 심령 능력을 높이는 사이코메트리
* 직관을 키우는 크리스탈 그리드 마법
* 빛의 방어막을 만드는 방어 마법

마법 훈련

* 크리스탈 에너지를 이용한 깊은 명상
* 마음을 비우는 촛불 명상
* 집중력을 높이는 음악 명상
* 지구 에너지를 끌어내는 상상
* 공기 에너지를 끌어내는 상상
* 불 에너지를 끌어내는 상상
* 물 에너지를 끌어내는 상상
* 상상력을 강화하는 투시력 훈련

마법의 허브가 자라는 마녀의 정원

사랑을 부르는 마법
* 로즈메리 러브 오일
* 사랑을 부르는 시나몬 향주머니
* 사랑을 부르는 월계수 잎 마법

마음의 상처를 치유하는 마법
* 마음의 상처를 달래는 레몬 밤 차
* 마음의 상처를 달래는 장미 마법 포션
* 마음의 상처를 달래는 위치하젤 마법

방어 마법
* 밤의 영혼을 물리치는 월계수 잎 마법
* 운향풀 방어 향주머니
* 쐐기풀 해독제
* 도둑을 쫓는 커민 마법

성공을 부르는 마법
* 계획을 달성하는 생강 뿌리 목욕 마법
* 직업운을 높이는 넛멕 인센스
* 연애력을 강화하는 로즈힙 얼음

풍요와 번영을 부르는 마법
* 베이베리 백지수표 마법
* 올스파이스 쌀 금전 마법
* 알파파 사과 마법

행운 마법
* 얄라파(High John the Conqueror) 행운 오일
* 파촐리 행운 향수
* 펜넬 행운 부적

치유 마법
* 캣닙 치유 마법
* 치유를 위한 마늘 족욕
* 질병을 물리치는 담뱃잎 향

마법의 허브가 자라는 마녀의 정원

청결 마법

* 바질 청결 스프레이
* 타임 청결 인센스
* 라벤더 청결 목욕 소금

새로운 시작을 위한 마법

* 연꽃 초승달 에너지 오일
* 새로운 시작을 위한 송이풀(wood betony) 풋오일
* 아슈와간다 카카오 음료수

심령 강화 마법

* 심령 능력과 방어력을 강화하는 스타아니스 인센스
* 좁쌀풀(eyebright) 송과안 차
* 직관력을 높이는 레몬그라스 세정제

소원 마법

* 밀 편지 소원 마법
* 베르가못 소원 마법 룸스프레이
* 스피어민트 달물(moon water) 소원 마법 차

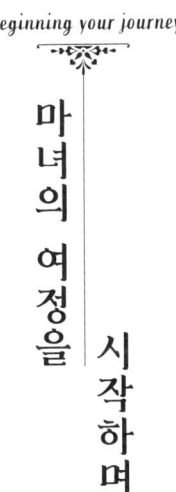

Beginning your journey

마녀의 여정을 시작하며

마녀는 그저 주문을 외우는 사람이 아니다. 무엇을 사고, 무엇을 입고, 소셜 미디어에 무엇을 올리고, 어떤 행동을 하느냐 하는 것도 중요하지 않다. 마녀가 된다는 것은 자신을 치유하고, 자신의 삶을 바꾸고, 세상을 바꾸고, 모든 꿈을 실현하는 마법을 가진다는 뜻이다. 이 책에서 나는 마녀가 되는 여정으로 당신을 초대해 내면의 마법과 연결되도록 도울 것이다. 당신을 섬기지 않는 것들을 어떻게 떠나 보내는지, 어떻게 진정한 자아를 끌어내는지, 어떻게 진실된 모습을 찾을 수 있는지도 이야기하려 한다.

나는 쿠바 토착민이자 대대로 치유술을 펼쳐온 마녀 집안의 후손이다. 우리는 땅이 내어준 치료약과 우리 선조들의 영적인 안내를 통해 마음과 몸, 영혼을 치유할 수 있다고 믿는다.

하지만 꼭 마녀의 집안에서 태어나 비밀 의식을 치러야만 마녀가 되는 것은 아니다. 마녀가 되는 길은 수없이 많다. 우리는 자신의 마법을 스스로 만들고 옛날 방식들을 활용하되 자기에게 맞게끔 쓰라고 배웠다. 우리의 마법이 대단히 강력한 힘을 발휘하는 것은 바로 이 때문이다. 내가 쓰는 마법은 그 동안 거친 훈련과 체험, 가르침을 내게 맞게끔 독특하게 조합한 것이다. 나는 나만의 독특한 마법을 꾸준히 만들어 사용하는 것이 대단히 중요하다는 아주 소중한 깨달음을 얻었고, 그것을 여러분에게 알려주고자 한다.

마음속에서 마녀의 불길이 타오르는 것을 느끼는 사람들이 그 어느 때보다 많아졌지만, 우리는 단지 진실을 찾고 자아를 인정하는 것에 만족해서는 안 된다. 지구가 발 밑에서 꿈틀거리는 것이 느껴지는 것은 그보다 더 중요한 이유가 있어서다. 바로 우리의 어머니, 지구에게 우리가 필요하기 때문이다! 우리는 마녀로서 지구와 접속해 가져온 마법 에너지를 지구에게 돌려줄 수 있지만, 지구가 인간들의 행위로 파괴된 오늘날 이 시대에 우리 마녀들이 할 수 있는 일은 그것 말고도 많다. 영혼 깊숙한 곳에서 내면의 마녀를 끌어올릴 수만 있다면, 당신도 지구에게 마법을 발산해 지구를 건강하게, 계속 살아 있게 지킬 수 있다.

나는 마법을 쓰는 집안에서 태어났지만, 마녀가 되는 결정은 스스로 내려야 했다. 진정한 나를 이해하고 진정한 나로 살아가는 삶을 살기로 결정한 것이다. 마녀들이 하늘을 나는 것으로 알려진 것은 하늘에서 뛰어내리는 걸 두려워하지 않기 때문이라고 나는 믿는다. 자신의 빛을 보지 못하는 사람은 자기 어둠 안에 갇혀 있다는 걸 알아야 한다. 나의 마녀들이여, 당신은 깨어나게 되어 있다! 모든 존재는 지구의 아이들이다. 우리는 모두 같은 솥에서 왔다. 당신의 마력은 당신이 첫 숨을 내쉬기 전에 이미 당신 안에 심어졌다. 인정을 받으려고 외부로 눈을 돌릴 필요가 없다. 당신의 가치는 당신 안에 존재한다.

나는 지금의 내가 되기까지, 노련한 마녀가 되기까지 오랫동안 훈련하고 경험을 쌓아야 했다. 당신도 당신의 소명과 진실을 향해 나아가면서 당신의 마법으로 세상을 환히 밝힐 수 있다!

이제 내면의 마녀를 품을 시간이다.

이 책에 성유를 바르는 의식

이 책에는 지혜와 마법과 사랑이 가득하다.

그러니 인생의 여정 가운데 언제든 사용해도 좋다. 이제 이 책에 성유를 바르니, 당신은 이 책과 영적으로 결속될 것이고,

이 책은 상상한 것 이상의 많은 지혜로 당신에게 보답할 것이다.

이 책에 성유를 바르는 것은 페이지 안쪽에 숨겨진 주문을 깨워 결속을 강화하고 안내자의 역할을 맡기기 위함이다.

준비물

말린 쑥 한 묶음 또는 향료

** 가능하면 유향, 몰약, 팔로산토가 좋다.

작은 그릇 1개

쌀 1 움큼

소금 약간

안전한 촛대에 꽂힌 흰 양초 1개

** 주문이 비교적 짧을 때는 끝이 뾰족하고 가느다란 작은 양초 하나면 충분하다.

물 1컵(250ml)

할 일

- 어떤 마법을 부리든 주변 공간과 당신,
  그리고 부정적 에너지가 깃든 도구들을 먼저 정화해야 한다.
  향초나 송진, 말린 허브(낱개 혹은 묶음)의 연기로 가능하다.
  내가 정화 작업에 쓰는 것들은 쑥, 운향풀, 로즈메리,
  팔로산토, 유향, 몰약, 호박(amber), 코팔 등이다.
  하지만 몇 가지 주문은 정화 작업에 특정한 약초나 송진,
  향초를 사용한다.

- 성냥불로 향초나 약초 묶음에 불을 붙이고
  ** 필요하다면 양초에도 불을 붙인다.
  불꽃을 입으로 불어 꺼서 가벼운 연기가 나오도록 한다.
  송진과 허브를 태우는 방법은 여러 가지가 있지만,
  가장 흔한 방법은 숯 위에 적은 분량을 올려놓는 것이다.

- 마법을 실행할 곳 가까이에서 향초나 송진,
  허브를 태운다. 더 넓은 곳을 정화하려면 그것들을 가지고
  주변 공간이나 다른 방을 돌아다닌다.
  끝나고 나면 향초의 불을 끄거나 마법을 실행하는 동안
  계속 타게 둔다. 저절로 꺼지게 놔두어도 좋다.

- 정화 작업이 끝나면 조용한 곳에 앉아
  이 책을 가슴에 대고 성유를 바르는 의식을 시작한다.
  눈을 감고 세 번 심호흡을 하면서 마음을 비우도록 한다.
  이 책의 미묘한 에너지가 당신의 에너지와 얽히는 것을 느낀다.
  연결된 것이 느껴지면 책을 내려놓는다.

- 손에 쌀을 쥐고 입술 가까이 가져온다.

쌀에 대고 아주 천천히 숨을 내쉬면서 셋까지 센다.
당신의 숨결이 황금빛으로 변하는 것을 상상한다.
이제 그릇 안에 쌀을 놓는다.
쌀에 소금을 치면서 "소금 약간은 아무런 해를 주지 않는다.
오히려 부적으로서 축복을 해준다." 라고 말한다.

· 책을 당신 앞에 들어올린다. 촛불에 불을 붙여 오른손에 든다.
책 주위로 촛불을 시계 방향으로 세 번 돌리면서
"이 촛불로 당신을 내 여정에 초대합니다. 나를 안내하세요,
나를 안내하세요, 나를 안내하세요." 라고 말한다.
촛불을 끄고 쌀을 한 움큼 쥔다.

· 쌀을 책 위에 뿌리면서 말한다. "당신에게 성유를 바릅니다.
당신에게 성유를 바릅니다. 당신에게 성유를 바릅니다."
원하면 다른 마법 의식을 위해 촛불은 그대로 둔다.

· 손가락을 물에 담갔다가 가슴에 대고 한 번,
가슴 위에서 한 번 돌린 뒤 말한다.
"이제 나는 내면의 마녀를 품을 준비가 되었습니다."

· 이제 당신은 마법에 묶였다. 맑고 굳건한 마음으로 마법의
여정을 떠나는 서약을 마친 것이다.

PART ONE

Root Work

사 전 작 업

What Is Magick?
마법이란 무엇인가?

마법은 엄연한 현실이다. 분명히 존재한다. 마법이 있다고 내가 확신하는 이유는 마법이 나의 내면과 주변에 풍부히 존재하기 때문이다. 마법은 당신의 내면에도, 당신의 주변에도 살아 숨쉰다. 그러니 그것의 힘을 조금 찾아내기만 하면 된다. 당신이 마법을 믿든 안 믿든 마법은 항상 존재해 왔다. 절대 사라지지 않는다. 마법은 당신의 일부이다. 당신 자신이다.

세상에 존재하는 모든 것들은, 바다도 나무도 산도 동물도 사람도, 현실의 한 측면에 불과하다. 우리가 존재함으로써 생겨나는 물리적인 현상, 즉 보이고, 느껴지고, 들리는 것으로 대부분 작용한다. 그런데 우리는 에너지, 영혼, 유령처럼 신체가 감지하지 못하는 것들은 의식하지 못한다. 우리 모두가 에너지의 화신, 마력의 화신인데도 말이다. 우리가 무얼 하든 우리의 의지는 명령을 내리고, 그 명령은 우리가 공동으로 짜는 그물, 모두 함께 직조하는 단일한 현실 속으로 보내진다. 그것이 우리가 마법을 창조하는 방식이자 마법이 우리에게 작용하는 방식이다.

마법이 당신에게 어떤 의미가 있는지 잠시 생각해보기 바란다. 다른 사람들이 내린 마법의 정의는 신경 쓰지 않는다. 어차피 당신의 마법은 남들과는 다른 독특한 것일 테니 말이다. 오직 당신만이, 당신의 가슴과 당신의 경험만이 그것의 의미와 느낌을 설명할 수 있다. 저마다 생각하는 마법이 다르기 때문에 자기 자신에게 집중하는 것이 아주 중요하다. 우리가 방황하고 단절감과 외로움에 시달리는 이유는 해답을 외부에서 찾아야 한다는 편견에 젖어 있기 때문이다. 당신 자체가 마법이라는 걸 잊지 말아야 한다. 기억 못 할 수도 있지만, 당신은 이미 이것을 깨달은 적이 있다. 당신이 본모습과 다시 연결되고 내면의 마력을 인식하게 된다면 당신의 마법은 날마다 나타나게 될 것이다.

내가 생각하는 마법은 조건 없는 사랑이다. 내가 간절히 원할 때마다 마법은 나를 위해 나타난다. 나는 가난과 공포, 학대로 힘든 어린 시절을 보냈다. 어린 시절의 기억 중에 좋은 추억은 마법과 함께한 기억 뿐이다. 마법이 처음 내게 왔던 때가 떠오른다. 그날 나는 부엌 탁자에 걸터앉아 있었다. 허옇고 지저분한 내 맨다리가 탁자 가장자리에서 달랑거렸다. 당시 나는 두 살이었는데, 목이 너무 아파서 말을 제대로 하지 못했다. 내 어머니는 본인이 가장 잘하는 마법의 영역 안에 깊이 들어가 있었다. 부엌 마법은 어머니의 주특기였다. 내 어머니는 부엌에서 식물과 허브, 타오르는 불꽃 위의 커다란 냄비와 함께할 때가 가장 아름다워 보인다. 그날 레이스 커튼은 바람에 춤을 추고, 바질과 레몬, 고수 향이 내 머리카락을 파고들었다. 어머니의 엉덩이는 라디오에서 연주되는 드럼 소리에 맞춰 흔들거렸다.

어머니는 내가 먹을 수프를 끓이는 중이었다. 어머니의 비법이 들어간 수프였다. 나는 그 치유의 물을 맛보기 전부터 이미 냄새에 매혹되어 있었다. 어머니는 숟가락에 그걸 가득 퍼서 내게 내밀었다. 숟가락 위로 모락모락 피어 오르는 수증기 속에서 마법의 찬란한 미소가 느껴졌다. 나를 위해 수프를 후후 부는 어머니의 입술에서는 어머니의 사랑이 다가왔다. "으음. 맛있어, 엄마." "너무 짜지 않아?" "아니, 엄마."

오늘까지도 내 어머니의 마법은 부엌에서 큰 활약을 하고 있다. 어머니는 내게 무얼 맛보라고 하기 전에 숟가락을 후후 불고는 그때와 똑같이 묻는다. 나는 절대 짜지 않다고, 더 이상 묻지 않아도 된다고 말하고 싶지만, 마법은 어디서나 가장 미묘한 방식으로 나타난다는 생각을 하곤 한다. 내 어머니가 어머니의 사랑을 후후 불어줄 때마다 마법이 주위에 가득한 거라고. 그것이 마법이 나타나는 방식이라면, 나는 그것을 받아들이고 환영해야 한다. 우리는 냉혹하고 암울한 현실 속으로 찾아오는 이 미묘한 순간에 집중해야 한다. 이 순간들을 받아들여야 한다. 마법은 필요할 때마다 나타나 당신을 따뜻하게 안아주니 말이다.

마법이 항상 힘을 발휘해 당신의 소망을 이루어 주는 것은 아니다. (마법의 이런 측면에 관해서는 나중에 다룰 것이다.) 마법의 다채로운 면면을 알아보고 마법이 일상의 세세한 부분에 존재한다는 것을 알아야 한다. 마법은 숲속을 걸을 때 나무 꼭대기 사이로 비추는 반가운 햇살이다. 내 막내아들을 학교에 데려다 주려고 함께 차로 갈 때 내 손가락에 감기는 그 아이의 작은 손가락이다. 오늘 하루 있었던 일을 내게 이야기하는 내 큰아들의 눈웃음이다. 출근하기 전 내 이마에 와닿는 남편의 보드라운 키스다. 마법은 고통과 상심, 고난을 겪을 때 어둠 속에 드리운 빛을 보는 것이다.

당신의 마법은 독특하다. 오로지 당신만의 것이며 모든 면에서 대단히 신성한 연애다.

당신의 삶을 돌아보며 삶 속에 흐르는 마법에 눈뜨길 바란다. 모든 감각을 총동원해 가만히 관찰한다. 감각을 깨우는 순간, 흘러가는 일상을 잠시라도 멈추게 하는 순간에 주목한다.

예를 들어보겠다. 이 글을 쓰는 지금, 상쾌한 바람이 내 살갗을 간질이며 나를 다른 영역으로 데려갔다. 내 마음은 잠잠해졌다. 나는 즉시 글쓰기를 멈추고 나라는 존재에 오롯이 몰두했다. 내 몸은 마법 같기도 하고 자아 같기도 한 열정적 행위에 빠져들었다. 나는 마법을 인정했다. 이제 마법은 갖가지 방식으로 나를 계속 사랑해 줄 것이다. 당신은 당신이라는 존재를 사랑해 준 적이 있는가? 밤의 소리나 태양의 온기를 사랑해 준 적은? 바람결에 실려온 상냥한 음성들, 우르릉거리는 천둥소리는? 의식하지 못했을 뿐 그런 적이 있을 것이다. 우리에게는 이렇게 모든 것과 연결되는 타고난 재능이 있다. 사랑의 행위는 단순히 육체의 행위가 아니다. 몸 밖으로 표출되는 영혼의 강력한 행위다. 결합이다.

고요함 속의 신비를 받아들일 때 결합은 황홀감을 선사한다.

이런 순간들을 기록한다. 그것을 적고 그 느낌을 정확히 설명한다. 시간이 갈수록 그런 순간이 점점 더 강렬해지고 더 자주 나타날 것이다. 계속 경험하다 보면 더 자주 일어나기를 바라게 될 것이다. 그 순간을 알아채기만 하면 된다.

The Power of a Magickal Attitude

마법사의 태도

나는 어떤 사람의 특별한 에너지, 특정한 분위기를 '마법사의 태도'라고 부른다. 이러한 특징은 이미 일어난 일이든 아직 일어나지 않은 일이든 항상 우리의 삶에 영향을 끼친다. 마법사의 기운은 마법의 성공 여부에도 영향을 주기 때문에 이것을 이해하지 못하면 원하는 것을 절대 이룰 수 없다. 마법의 주문도, 당신의 의지도, 마법의 의식도 제대로 이루어지지 않는다. 심지어 아무런 효과가 없을 수도 있다.

자아에 대한 태도는 더욱 중요하다. 자기 자신을 어떻게 생각하고 느끼느냐는 마법을, 우리의 소망을 이루어 주는 마법의 힘을 좌우한다. 당신을 종이로 포장된 꾸러미라고 가정해 보자. 포장지의 겉모습과 촉감은 영적으로나 물리적으로 꾸러미 안의 모든 내용물에 영향을 받는다. 우리의 목적은 한 번에 한 겹 씩 꾸러미를 차근차근 풀어 꾸러미 안에 도달하는 것이다. 핵심, 중심, 씨앗, 영혼에 도달하는 것이다. 그

힘에 도달하는 것이다.

끌어당김의 법칙에 의하면, 긍정은 긍정을 부르고 부정은 부정을 부른다. 마법이 작용할 때도 마찬가지다. 내 학생들은 주문을 실현하고 목적한 바를 이루려고 애쓰곤 하는데, 나는 여기서 한 가지 근본적인 문제를 발견했다. 문제는 모두들 예상을 한다는 것이다. 예상을 하면 한계가 정해진다. 한계가 정해지면 당신에게 한계가 있다고 마법에게 말하는 것이나 마찬가지이므로 마법도 그 한계 안에서 응답할 수밖에 없다. 모든 것에 깃든 잠재력을 보고 무엇이든 가능하다는 것을 믿어야 한다. 이러한 마법사의 태도는 마법이 충만한 삶을 살아가는 데 아주 중요하다.

그렇다면 마법사의 태도를 가지려면 어떻게 해야 할까.

자신의 행동에 책임진다

자신의 행동을 있는 그대로 인정하는 것이 중요하다. 당신의 행동을 타인이나 상황, 경험 탓으로 돌리는 것은 변명이 되지 않으며 마법사의 태도도 아니다. 그러니 이제부터는 어떤 말과 행동을 하든 모두 당신이 선택했다는 점을 기억하자.

주변에 긍정적인 사람들을 둔다

협조적인 사람들, 영감을 주는 사람들, 당신의 성취를 축하하는 사람들과 어울린다. 부정적이고 탐욕스럽고 질투가 많은 사람들은 멀리한다. 지구에서 보내는 소중한 시간을 비관론에 빠져 허우적거리는 사람들과 어울리며 낭비해선 안 된다. 자칫 그들과 함께 익사할 수 있다.

반성한다

자신의 태도와 분위기를 돌아본다. 한 발 물러서야 할 때, 자신의 태도와 자기 자신을 바로잡을 때를 알아야 한다. 잠시라도 당신의 진실과 목적을 점검하는 시간을 갖는다. 당신을 당신의 몸으로 돌려보낸다. 주파수를 높이고, 부정적인 마음을 접고, 더 높은 의식 상태에 도달한다.

긍정적인 마음을 유지한다

생각을 다스리고 마음의 덫을 피하는 법을 배운다. 언제나 좋은 면을 보고, 어떤 상황이든 최상의 결과를 내는 데 집중한다. 지나친 과장은 당신을 곧장 두려움으로 이끈다는 걸 명심한다. 예상하지 않고 중간 지대에 머문다.

불쾌한 일은 일어난다

일이 틀어지면 당신이 얼마나 멀리 왔고 당신을 얼마나 자랑스럽게 여기는지 되새긴다. 나쁜 일은 떠나 보내고 우아하게 그 자리를 정리한다. 가장 지독한 평론가는 당신 자신이라는 걸 명심한다. 내면의 부정적인 마음을 키우는 것은 바로 당신이다. 그 대신 영혼을 살찌우도록 하자.

현실적인 목표를 설정한다

당신의 의지를 실현하는 데 한계는 없지만, 성취하기 쉬운 현실적인 목표부터 시작한다. 지금 당신의 삶에서 가장 중요한 것들부터 살핀다.

일상에 성실히 임한다

기운을 어지럽히는 문제들과 대면하고 그것들을 효과적으로 다룬다. 시간이 필요하면 잠시 짬을 낸다. 분노로 치유되는 것은 아무것도 없다. 처음 느낀 감정들을 흘려 보낸 후 차분한 가슴과 냉철한 머리를 가지고 문제로 돌아간다.

정말 심각한 것들은 거의 없다

사소한 일에 신경을 쓰거나 작은 짐승을 괴수로 만들지 않도록 한다. 감정에 지배당하지 않게 조심한다.

당신의 삶을 축복으로 본다

당신이 가진 것, 이미 존재하는 것, 정말 중요한 것에 초점을 맞춘다. 갖지 못한 것이나 가질 수 없는 것을 바라는 욕망 안에 갇혀서는 안 된다. 감사하는 훈련을 한다.

자기 자신을 믿는다

당신은 생각보다 더 강인하고 더 강력하다. 당신 스스로의 팬이 되어 당신 자신을 응원한다. 할 수 있다! 여러분은 마법이다!

오직 자기 자신과 비교한다

인생은 혼자 가는 여정이다. 타인의 성취와 승리는 당신의 패배가 아니다. 자신을 이해하고 무엇이 당신에게 맞는지 알아내는 데 힘쓴다. 남들이 어떻게 살아가는지 남들을 판단하기보다는 당신이 바라는 삶이 어떤 것인지에 집중한다. 이제 어떤 패턴이 보이는가? 당신이 바라보아야 할 것은 오로지 당신이다.

―――　　　　　　　　　　　　　　　　　　　　　　　　　자기다운 삶

자기 자신에게 진실해야 한다. 그것이 어떤 모습인지 모르겠다면 '안 돼'라고 말하고 울림을 주지 않는 것들은 배제한다. 당신을 행복하게 만드는 것들, 진정으로 울림을 주는 것들로 삶을 채운다. 무엇을 보아야 할까, 어떻게 행동해야 할까 하는 생각은 하지 않는다. 당신은 독특하다.

―――　　　　　　　　　　　　　　　　　　　　　　당신의 기운을 보호한다

에너지를 빨아들이는 뱀파이어들과는 최대한 거리를 둔다. 당신의 마법을 앗아가는 사람들이 에너지 뱀파이어다. 그들은 대부분 자기가 그런 짓을 하고 있다는 걸 알지 못하지만, 당신은 그것을 알고 있어야 한다. 항상 당신 자신에게 마음을 써야 한다. 기분이 처지고 뭔가 잘못된 듯한 느낌이 들기 시작하면, 누군가 혹은 어떤 것이 못마땅하게 느껴진다면, 거리를 둔다.

―――　　　　　　　　　　　　　　　　　　　　　　　　　느낌을 허락한다

정신없이 바쁘게 살다 보면 자신의 기분을 돌아보기 쉽지 않다. 하지만 부정적인 감정을 방치하다간 그것이 쌓여 몸도 마음도 메마르게 된다. 조용히 앉아 눈을 감고 긴장을 푼 뒤 감정에 집중하는 시간을 매일 갖자. 피곤하지 않은가? 스트레스를 받지는 않았나? 은근히 짜증 나는 일은 없는가? 이러한 감정들을 어떻게 다룰지에 집중한다. 당신의 생각과 감정은 당신의 내면과 주위의 모든 것에 영향을 끼친

다. 장애물은 있겠지만 그것을 패배의 징표로 받아들일 필요는 없다. 장애물은 뭔가 균형이 깨졌거나 잘못되고 있다고 경고하는 우주의 손짓일 뿐이다. 장애물이 있다는 것은 당신이 마법의 기운 안에서 원하는 세상을 실현하려고 노력하고 있다는 뜻이다. 그러니 조금은 여유를 갖도록 하자.

생각과 감정을 풀어내는 것은 힘들고 복잡한 작업이지만 방법은 있다. 물론 상당히 고통스러울 수 있다. 훈련과 헌신이 필요하지만 머지않아 풍요와 번영을 일구고 건강한 인간관계를 맺을 수 있을 것이다. 당신 안의 마녀가 진심으로 원하는 것은 무엇이든 가능하다.

Q&A for New Witches

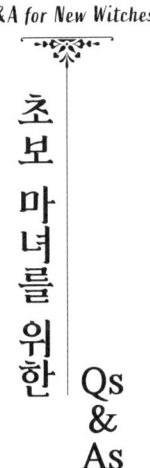

초보 마녀를 위한 Qs & As

주문을 외운다고 해서 마녀라고 생각한다면 그것은 착각이다. 물론 우리는 마법을 훈련한다. 하지만 가장 중요한 것은 우리와 마법이 하나가 '된다'는 점이다. 마녀는 우리의 두 번째 자아이며, 주변 세상에 영향을 끼치는 우리의 모든 숨결과 아주 많이 닮았다.

마녀가 되려는 사람들이 알고 싶어할 만한 것들은 또 있다. 예를 들어, '마법은 사악한 것인가?' 혹은 '세상에는 어떤 부류의 마녀들이 있을까?' 하는 것이다. 사람들이 내게 가장 많이 하는 질문과 마녀가 되려는 사람들이 마법의 세계에 입문할 것을 고려하기 전에 먼저 알아야 할 질문을 정리해 보았다.

마녀에도 종류가 있을까?

물론 특정한 부류의 마녀들은 존재한다. 일부 마녀들이 선택하는 길 역시 있다. 하지만 정말 중요한 것은 일단 한 가지 길을 선택하고 나면 그것을 당신에게 맞게끔 조정해야 한다는 점이다. 여러 가지 다양한 마법과 철학, 훈련법을 알아보고 당신에게 맞는 것을 당신만의 훈련에 접목한다. 당신이 세월에 따라 변하듯 당신의 훈련도 끊임없이 변할 것이다. 고정불변한 것은 아무것도 없다. 마녀들이여, 그 흐름을 따라 흘러가라.

마법에 관한 글을 믿어도 될까?

마법에 관한 책과 글은 대부분 개인적인 의견에 근거한다. 예를 들어, 많은 자료들이 위카(자연 중심의 종교—옮긴이) 추종자에 의해 쓰여졌기 때문에 그 종교에 영향을 받았다. 다른 경우도 마찬가지겠지만, 누군가의 전기를 읽는 것은 그 사람의 믿음을 알아내는 좋은 수단이다. 처음에는 글과 아무런 유대감을 느끼지 못할 수 있는데, 그렇다고 실망할 것 없다. 인내심을 가지고 계속 연구하고 탐험해야 한다.

종교를 가져도 될까?

나의 티에라 사그라다 학교 학생들은 종교를 가지고 있거나 예전의 종교를 그대로 유지하고 있다. 그 외에도 나는 가톨릭을 믿는 마녀, 유대교를 믿는 마녀, 부두 종교를 믿는 마녀들을 알고 있다. 종교를 가진 상태로 마법을 훈련해도 상관없다. 그러니 다른 사람들이 어떻게 생각할지 걱정하지 않아도 좋다. 다른 사람들에게 해를 끼치지 않는 한 그저 느낌이 이끄는 대로 하면 된다.

얼마나 빨리 마녀가 될 수 있나?

진정한 마법은 영화 <해리 포터>나 <사브리나> 혹은 드라마 <참드>에서 나오는 마법과는 전혀 다르다. 마법 지팡이를 한 번 휘두른다고 해서 눈 깜짝할 새에 마법에 의해 뭔가가 나타나지는 않는다(빗자루를 타고 하늘을 날 수도 없다!) 결과를 얻기까지는 시간이 걸린다. 2~3주만에 작은 변화들이 나타날 수는 있어도 적어도 두세 달은 진지하게 몰두하고 꾸준히 훈련해야 노력의 결실을 얻는다. 심지어 성과가 전혀 없을 경우도 있다. 나는 누구나 마녀가 될 수 있다고 진심으로 믿지만, 마녀가 되지 못하는 사람도 있다. 매일 훈련해야 하고 매일 마법과 함께 생활하고 매일 마법과 함께 호흡해야 한다. 인내심을 가지고 훈련하고, 훈련하고, 훈련해야 한다! 그러고 나서 조금 더 훈련한다!

스승이 필요한가?

마녀의 길을 갈 때 도움을 주는 스승이 있다는 건 좋은 일이다. 스승이 마법을 어떻게 실행하는지 지켜볼 수 있다면 더욱 좋다. 하지만 자기 방식을 당신에게 강요하거나, 당신을 불편하게 하고 얕잡아보는 스승은 피해야 한다. 스승에게 불만이 생긴다면 그냥 떠나라. 또한 어떤 식으로든 학대를 당한다면 항의하라. 당신의 정서도 신체도 피해를 입어서는 안 된다. 당신은 귀중하고 소중하며 신성하다.

특별한 의상을 입어야 할까?

'마녀다운' 스타일은 없다. 지금 당신의 머릿속에 무엇이 떠올랐든 그것은 미디어가 만들어낸 것이다. 나는 아주 어린 나이에 이것을 깨달았다. 우리 집안의 마녀들이 저마다 다른 복장을 하기도 했고, 모든 마녀는 각자 독특하다는 것을 성장하면서 깨달았기 때문이다. 내가 만난 마녀들은 각자 고스 스타일, 꽃무늬, 긴 망토, 빅토리아풍 의상, 청바지와 티셔츠, 오토바이족 재킷, 월마트 직원복, 프라다 옷을 입고 있었다. 내키지 않는다면 꼭 검은색 옷을 입을 필요는 없다. 입고 싶은 것을 입으면 된다!

흑마법과 백마법의 차이는 무엇인가?

마법에는 흑백도 없고, 좋고 나쁨도 없다. 그저 그 자체일 뿐이다. 이 마법의 힘으로 무얼 하느냐는 당신에게 달려 있다. 물론 세상에는 다른 사람을 해치는 데 마법을 쓰는 끔찍한 사람들도 있다. 이 부정적인 에너지에 읽히게 되면 당신의 주파수가 낮아져 나쁜 의도를 가진 영혼들이 당신의 삶을 침범한다. 직관을 활용하자. 만약 어떤 사람이나 뭔가가 꺼림칙하게 느껴진다면 얽히거나 친구가 되어서는 안 된다. 부정적인 사람들, 부정적인 상황과는 항상 거리를 둬서 자신을 보호해야 한다. 방어력이 있는 허브나 크리스탈, 보석을 지니고 다녀도 좋다.

악마를 숭배해야 할까?

종교계나 미디어, 예술계는 마녀를 악마로 설정하고 이른바 흑마법로 설명하는 경우가 많다. 악마를 숭배하는 마녀를 그려서 마녀에 대한 오해를 만들어낸다. 하지만 악마나 악령을 숭배한다고 해서 마녀가 되는 것은 아니다. 무얼 숭배하든 무얼 믿든 그것은 당신에게 달려 있다. 특정한 신이나 사탄을 숭배하는 것과 '마법'은 아무런 관계가 없다. 그것은 개개인의 선택일 뿐이다.

마녀들은 항상 집회에 참석해야 할까?

마녀 집회, 즉 정기적으로 만나 마법과 의식, 행사를 갖는 마녀들의 모임에 참석하느냐 마느냐는 각자 선택할 문제다. 많은 집회가 저마다 규칙과 믿음을 가지고 있기 때문에 다른 사람의 방식을 따르기 전에 먼저 당신의 방식을 발견해야 한다. 하지만 마음에 드는 집회를 찾았다면 확신을 가지고 참석하자! 현대 사회의 집회는 과거와 많이 다르고 개인의 욕구와 경험을 더 유연하게 받아들인다.

언제든 자신의 집회를 개최해도 좋다! 나는 대부분 혼자 훈련을 하지만 가끔 집회를 열어 동료 마녀들과 함께하는 즐거움을 누리기도 한다. 우리는 모든 마법 활동을 함께 하지는 않는다. 그래도 함께 저녁을 먹으러 외출하고, 지구 어머니를 섬기는 하이킹을 떠나고, 자선 행사를 위한 많은 일들을 함께 한다. 집회가 갖는 의의는 좋은 기분, 내게 맞다는 느낌을 느낄 수 있다는 것이다.

마녀에 관한 다른 질문들이 있겠지만 이 책의 후반부에서 대부분 궁금증이 풀릴 것이니 계속 읽도록 하자.

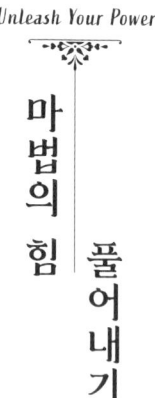

Unleash Your Power
마법의 힘 풀어내기

마법의 힘을 풀어내기에 너무 늦은 경우는 없다. 모든 사람의 내면에는 마녀가 살고 있고 마법의 힘은 그 마녀 안에 깃들어 있기 때문이다. 피부색, 인종, 성별, 종교, 직업, 견해, 미적 감각은 이것과 아무 관련이 없다. 마녀는 당신의 허리 속으로 불길을 내뿜는 자아의 화신이다. 내면의 마녀를 감싸 안는다면 마법의 힘은 풀려날 것이다.

마력이 풀리는 순간, 당신이 강하다는 걸 믿게 될 것이다. 당신의 진실은 당신이 누구이고 누구는 아니라는 걸 이해하는데 있다. 그 심연 안으로 기꺼이 뛰어들어 겹겹이 덮인 모든 가식을 벗어 던지고 베일이 벗겨진 자아를 만날 각오를 해야 한다. 그림자 뒤에 가려진 존재와 대면할 때 고통을 경험하고 잔혹한 진실을 발견하겠지만, 치유와 자기애, 용서를 경험하게 될 것이다. 아름다우면서도 고통스럽고 복된 작업을 통해 진실을 발견한다면 당신의 마력은 더 이상 숨겨지지도, 억

제될 수도 없다.

한때 마녀들은 자신의 힘을 숨기기 위해 어쩔 수 없이 억제된 심상을 가질 수밖에 없었다. 그것을 생각하면 나는 영혼까지 고통스럽다. 그 당시에 마녀들이 타고난 힘은 두려운 무엇으로, 부끄러운 무엇으로, 조롱거리로 전락했다. 우리는 두들겨 맞고, 고문 받고, 불태워졌다. 우리 마녀들이 마력을 되찾고 스스로 풍요로운 삶으로 누려 몸과 영혼 사이의 마찰을 멈추는 것은 아주 중요하다.

그러므로 더 이상 당신의 마력을 숨기거나 가두어서는 안 된다. 당신은 필요한 존재이다. 의식의 진화에 중요한 존재이다. 당신이 절대 혼자가 아니라는 것도 알아야 한다. 당신 옆에는 함께 걸으면서 길을 안내하는 선조들이 있을 것이다.

마력을 풀어내기 위해서는 중요한 세 단계를 거쳐야 한다. 당신의 유령을 놓아주고, 지구 어머니와 접속하고, 진실된 삶을 사는 것이다.

유령 놓아주기

누구나 감정과 사건, 여러 가지 상황이 만들어낸 상처를 가지고 있다. 이 상처들이 유령처럼 달라붙어 우리의 빛을 가리고 우리의 마력을 좀먹는다. 모두 당신의 잠재력을 꺾는 방해물이다. 고통과 분노, 화, 두려움에 매달리게 되면, 당신의 진정한 자아, 당신의 진실은 제대로 드러나지 못할 것이다. 그러니 당신을 섬기지 않는 과거의 파편들은 그만 놓아 버리도록 하자. 따라붙는 유령으로부터 풀려나라. 자신을 있는 그대로 받아들이고 죄책감 없이 자신을 사랑하는 법을 배워야 한다.

내면의 유령을 물리치는 목욕 주문

이 주문은 과거의 유령을 내쫓고 큰 진전을 이루는 데
효험이 있다. 원하지 않는 에너지로부터 당신을 풀어주고
앞으로 있을 새로운 여정을 축복하기도 한다. 질서가 잡히고
명쾌한 기분이 필요할 때도 이 주문을 사용할 수 있다.
달 주기가 보름에 이르렀을 때만 쓰도록 한다.
하루 중 아무 시간대에 해도 괜찮다.

1단계 | 부정적인 에너지를 쫓는 마법 포션 만들기

준비물

찬물 1컵(250ml)

꿀 1티스푼

레몬 1조각

으깬 마늘 1쪽

소금 약간

말린 바질이나 스타아니스 가루 약간, 혹은 스타아니스 1개

로즈메리 가지 1개

월계수 잎 1개

사용법

모든 재료를 물에 넣고 1~2분 동안 젓는다.

2단계 | 주문을 외운다.

준비물

> 정화용

말린 허브 몇 개나 묶음

** 백향목, 쑥, 로즈메리, 향모, 월계수 잎 중 선택한다.

혹은 향

** 팔로산토, 코팔, 유향, 몰약 중 선택한다.

> 목욕용

1단계에서 만든 마법 포션

레몬 밤, 히솝, 유향, 베르가못,

라벤더 같은 이완을 돕는 에센셜 오일

신선한 꽃잎 2~3 움큼

히말라야 소금이나 바다 소금 1컵(300g)

말린 허브 한두 가지 1/2컵(50g). 로즈메리, 바질,

회향풀, 운향풀 중 선택한다.

흰 양초 1개

연수정처럼 긴장 완화를 돕거나 장미 수정처럼

사랑과 치유를 북돋는 크리스탈

** 선택 사항

사용법

· 말린 허브나 향을 태워 그 연기로 욕실과 도구, 당신 자신을 정화한다.

· 욕조에 원하는 온도의 물을 채운 다음 1단계에서 만든 마법 포션을 목욕물에 탄다. 에센셜 오일 4~6 방울, 꽃잎, 소금, 목욕 허브를 넣는다.

  ** 나는 끓는 물에 10분 동안 우려낸 허브 물을 식혀 목욕물에 타는 것을 좋아한다.

· 양초와 크리스탈을 욕조 주변에 놓아 두고 욕실 조명을 낮추거나 끈다.

- 불을 붙이지 않은 양초를 가슴 가까이 들고 눈을 감은 뒤 심호흡을 세 번 한다. 당신의 에너지를 양초와 연결한다. 그리고 이렇게 말한다. "내 영혼 안의 노란 빛이 이 양초로 들어가 자리를 잡는다. 나를 거짓된 자아에게 묶었던 것들로부터 나를 해방시켜라. 나를 원래의 나, 아주 찬란한 빛, 올바른 자아가 되도록 두어라." 원하면 다른 말로 바꿔 말해도 좋다.

- 이제 양초를 욕실 안 아무 데나 놓고 불을 붙인다. 주문이 끝날 때까지 촛불을 켜 둔다.

- 욕조 옆에 쪼그리고 앉아 당신을 치유하고 축복한 물에게 고맙다고 말한 뒤 당신의 이전 자아에게 상냥하게 작별을 고한다.

- 욕조 안으로 들어가 원할 때까지 치유의 물속에 몸을 담근다.
  ** 생리 중이라고 해도 걱정할 것 없다. 그것이 오히려 마력을 강화할 것이다. 어차피 주문을 마치고 샤워를 하면 된다.

  가만히 눈을 감고 놓아 주고 싶은 것들을 생각한다. 그것들이 떠나가는 느낌이 들 때까지 계속 생각한다. 떠나가는 감정들을 일일이 마주하고 느낀 다음 놓아준다. 물러서지 않는다. 비명을 지르고 싶으면 그렇게 하라. 모두 떠나 보낸다!

- 끝났다는 느낌이 들면 욕조의 물을 빼고 허브와 꽃잎은 최대한 많이 건진다.

- 목욕물이 모두 빠지면 2분 동안 찬물로 샤워를 한다. 찬물에 스트레스 받지 않도록 한다. 마녀로서 당당하게! 할 수 있다! 물이 당신을 빛으로 가득 채우는 상상을 하면서 몸을 씻는다.

- 떠나 보내기를 마쳤으니 이제 수분을 보충하고 긴장을 풀어야 한다. 물을 조금 마시고 휴식을 취한다.

전자기기의 사용은 삼간다.

· 가능한 빨리 편한 시간에 남은 허브와 꽃잎을
교차로나 동쪽을 바라보는 곳 아무 데나 버린다.
지구 어머니가 가져가도록 흙 위에 올려 놓는 것이 좋다.

지구 어머니와 접속한다

지구는 우리의 어머니다. 지구는 생명을 낳고 기른다. 지구는 자궁이고, 우리는 모두 거기서 온 그녀의 자식들이다. 자주 등산을 다니거나 모기들 틈에서 거닌다고 해서 지구 어머니와 연결되는 것이 아니다. 당신의 에너지가 지구의 에너지와 연결되어야 한다. 마법의 힘을 다루려면 각각의 계절이 미치는 영향력을 반드시 알아야 한다. 현재 계절의 에너지나 일년의 주기, 점성학적 사건을 이용하면 마력을 강화할 수 있다. 그러므로 지구 어머니가 약해진 것을 결코 가볍게 받아들여서는 안 된다. 마녀와 지구는 조화롭게 마법을 주고받는다. 지구는 우리의 마법을 살찌우고 우리는 지구에게 그 마법을 돌려준다. 그러므로 우리는 지구 어머니를 돌보아야 한다. 지구 어머니를 가까이하고 절대 학대하는 일은 없어야 한다.

진실된 삶을 산다

진실된 삶이란 자기를 있는 그대로 드러내는 삶, 스스로 자기를 다스리는 삶을 말한다. 한번 생각해 보자. 진짜 나는 누구일까? 무엇을 좋아하고, 무엇을 사랑하고, 무엇을 싫어할까? 무엇이 나를 행복하게 할까? 무엇이 나를 당혹스럽게 할까? 무엇에 열정을 느낄까? 꿈은 무엇일까? 겉모습 안의 진짜 모습은 무엇일까? 당신은 베일이 벗겨진 당신을 만난 적이 있는가? 진실된 삶을 살고 진실된 숨을 내쉬어야 진정한 잠재력과 최고의 마력을 발휘할 수 있다. 하지만 꼭 마녀라는 걸 밝혀야 진실된 삶을 사는 것은 아니다. 내키지 않는다면 당신이 무얼 하는지, 어떤 훈련을 하는지 다른 사람들에게 말하지 않아도 된다. 마녀로서 수련하는 이유는 남에게 보여주기 위해서가 아니라 내면의 마녀를 끌어안으려는 것이다.

마법이 우리를 위해 작동하기만 한다면 목적이 있고 충만한 삶을 살 수 있다고 나는 믿는다. 삶의 주도권을 쥐고 하나씩 당신이 꿈꾸는 삶을 만들어가라. 당당히 자아와 감정을 끌어안고 자기 자신을 최우선에 둔다. 삶의 향방은 당신 뜻대로 바꿀 수 있다. 그리고 당신의 마력은 무한하다. 그 무엇도 그 누구도 그것을 앗아가지 못한다.

마력을 되찾는 의식

이 의식은 마력을 앗아가는 고통스런 기억이나
당신을 괴롭혀 당신의 마력을 앗아가는 사람으로부터
당신을 해방시킨다. 마력을 강화하기 위해서는
당신을 섬기지 않는 것들을 떼어내야 한다.
천천히 시간을 두고 의식을 진행한다.
의식이 부담스럽거나 너무 벅차게 느껴진다면
잠시 휴식을 취하거나 의식을 완전히 중단한다.
시간은 하루 중 아무 때나 괜찮고 몇 번씩 반복해도 좋다.

준비물

말린 허브. 운향풀, 요르바 산타, 백향목 중에 선택한다.

묶음이든 낱개든 상관없다. 향도 괜찮다.
유향, 몰약, 팔로산토 중에 선택한다.
양초 3개. 가능하면 흰색 양초가 좋다.
작은 그릇에 담긴 소금
물 그릇

사용법

· 의식을 치를 조용한 장소를 마련하고 말린 허브나 향으로 그 공간과 당신 자신을 정화한다. 아니면 송진을 태워서 편안한 환경을 조성한다. 바닥이나 탁자 앞에 앉아 왼쪽과 오른쪽에 양초를 하나씩 놓고 바로 앞에도 하나 놓는다. 양초에 불을 붙인 다음 소금 그릇은 왼쪽에, 물 그릇은 오른쪽에 둔다. 잠시 눈을 감고 마음을 비우고 세 번 심호흡을 한다. 몸에서 긴장을 풀고 내면에서 모든 두려움과 걱정, 소음을 털어낸다. 여기는 당신의 신성한 장소, 지구 어머니로부터 온 포근한 치유의 에너지가 가득한 곳이다. 지구 어머니의 요소들, 즉 흙, 공기, 불, 물이 당신을 감싸고 사랑으로 당신을 안아주도록 한다.

· 준비가 끝나면 소금을 조금 집어 물 속에 뿌리면서 당신의 마법을 가로챈 사건이나 사람, 상황을 소리 내어 말하거나 속으로 생각한다. 예를 들면 이렇다. "끊임없이 나를 얕잡아보는 내 친구 누구누구에게서 내 힘을 되찾는다. 너에게서 내 힘을 되찾는다." 후련한 느낌, 차분한 느낌이 밀려오는 것이 느껴질 때까지 이런 말을 여러 번 반복한다.

· 잠시 가만히 앉아 있는다. 당신의 에너지가 마법과 함께 진동하고 불필요한 압박감으로부터 해방되는 것을 음미한다. 왼쪽에서 오른쪽으로 촛불을 불어 끈 다음 소금물이 든 그릇을

집어 나무 둥치 옆의 지구 속으로 비우거나,
당신이 사는 곳에서 멀리 흘러 나가는 강물 혹은
냇물에 비운다. 교차로도 괜찮다.

상처를 준 사람들이나 고통을 당한 경험으로부터 마력을 되찾는 방법은 또 있다. 편지를 쓰는 것이다. 편지는 부치지 않아도 된다. 나는 이것을 치유의 편지라고 부르는데, 이 치유의 편지는 당신의 영혼을 정화해 인생의 여정을 계속하게 만든다. 나만 아니라 수많은 나의 내담자들이 이 편지를 써서 도움을 받았으며, 치유의 과정에서 효험을 발휘하는 것으로 밝혀졌다. 이 편지가 내면에 사는 유령들을 용서하고 떠나 보내게 할 것이므로 당신은 자유를 얻게 될 것이다.

치유의 편지를 쓰는 의식

쓰라린 감정들을 종이 위에 옮겨 적어 따라다니는 것들을 모두
풀어내고 당신의 마력을 되찾는다. 문법이나 맞춤법은 정확하지
않아도 된다. 적은 것을 다시 읽어보거나 편집하지 않아도 된다.
이 편지는 오직 당신과 당신의 눈을 위한 것이다. 필요하면
휴식을 취해도 괜찮지만, 감정과 생각을 적는데 기분이
좋아지는 게 아니라 오히려 나빠진다면 의식을 중단한다.
그렇다면 이 의식은 당신을 위한 것이 아닐지도 모른다.

준비물

글을 쓸 종이 여러 장
펜 한 자루

사용법

· 어수선하지 않고 방해물이 없는 조용한 곳을 찾는다. 당신에게 상처를 준 사람의 이름이나 그 상황을 간단히 적는다. 상처를 준 상대는 당신도 될 수 있다. 자신을 돌보지 않았거나 중독되어 고통을 자초했을 수 있기 때문이다. 이름이 기억나지 않는다면 이름을 지어낸다. 이제 그 사람이나 사건에게 편지를 쓰기 시작한다. 망설이지 않는다! 머릿속에 무엇이 떠오르든 상관없다. 말이 안 되어도 상관없다. 그 사람이나 사건에게 그때 어떤 기분이었는지 말해도 좋고, 당신이 항상 말하고 싶었지만 말하지 못한 것을 말해도 좋다. 예를 들어, "스티븐에게. 당신은 내게 용서받지 못할 짓을 했어. 당신은 나를 보살펴 주어야 하는데도 내게 상처를 주고 내 삶에 괴물을 만들었어. 하지만 당신을 용서할게. 이제 나는 자유를 얻었어."

· 무엇을 쓰든 당신에게 달렸다. 편지를 쓰는 동안 울고 소리쳐도 괜찮다.
  ** 하지만 계속 심호흡을 하며 집중력이 흐트러지지 않게 한다.

  유령을 풀어버리는 것은 쉽지 않다. 고통스러울 수 있다. 자신에게 잔인하리만큼 정직해야 하는 시간이다.

· 글쓰기가 끝나면 손을 종이 위에 얹는다. 이제 눈을 감고 숨을 깊이 들이마신 뒤 천천히 소리 내어 20까지 숫자를 센다. 하나씩 셀 때마다 내면에서 유령의 에너지가 떠올라 떠나가는 것을 느낀다. 에너지가 검은 연기가 되어 당신의 몸을 떠나 바람 속으로 사라지는 것을 상상한다.

· 20까지 세고 나서 숨을 다시 깊이 들이마시고는 잠시 가만히 있는다. 편지를 쓸 때 떠오른 감정들 속으로 들어가서 그것들이 잠잠해질 때까지 가만히 있는다. '너에게서 내 힘을 되찾는다.'

라는 말을 세 번 반복하고 나서 눈을 뜬다.

- 이제 종이들을 한데 모아 반으로 접는다.
** 종이가 한 장이라도 똑같이 한다.

엄지손가락을 핥고 나서 그 손가락으로 종이의 위쪽이나 아래쪽을 꾹 누르면서 말한다. "너, 유령을 풀어주고 절대 들이지 않기로 맹세한다." 엄지손가락을 핥아 침을 묻히거나 신체의 일부를 이용하면 마법의 작용을 강화한다. 나는 엄지손가락을 핥아 적시는 대신 생리혈 한 방울을 종이에 묻힌다. 아니면 물컵에 침을 뱉고 소금을 조금 넣어 그것을 이용해도 좋다. 무엇이든 가장 편한 방식으로 하면 된다.

- 이 책이나 일기장에 편지를 보관한다. 당신이 힘을 되찾고 삶을 긍정하기로 한 선택을 계속 대변하게 두는 것이다. 아니면 추방하는 의미로 편지를 불태워 그 재를 흙 위나 냇물 혹은 강물에 뿌려도 좋다.

The Art of Self-Love

마녀는 자신을 사랑한다

'그대가 할 일은 사랑을 추구하는 것이지만, 그것을 방해하는
내면의 모든 장벽을 허물어야 한다.'

– 루미

무엇이 내면의 마법을 붙잡고 있는지 찾아내 풀어내려면 먼저 당신 자신을 사랑해야 한다. 그래야 모든 측면에서 당신의 자아를 이해하고 존중하며 그것에 감사할 수 있다. 공감하는 마음을 가지고 당신의 자아와 차곡차곡 관계를 쌓아가면서 진실을 찾는 데 공을 들여야 한다. 진실을 찾게 될 때 비로소 당신의 마법도 찾게 될 것이다. 그리고 내면의 마법을 포용하게 된다.

마녀는 자신에게 사랑을 허락한 만큼 강력한 힘을 갖는다. 자기애란 조화로운 삶을 살기 위해 결단을 내리는 것이다. 청구서를 지불하고 돈을 저축하고 건강한 식사를 하고 운동하는 것이다. 당신의 감정을 정면으로 마주하고 해로운 사람들과 친구들, 파트너를 삶에서 몰아내는 것이다. 휴대폰을 꺼버리고 세상의 광기로부터 잠시 한숨을 돌리는 것이다. 당신 자신이 되는 것이고, 당신이 말하고 행동한 모든 것에 책임을 지는 것이다.

자기애는 이기적인 것이 아니다. 다른 사람들을 얕잡아보고 우월감에 취해도 좋다는 허가증이 아니다. 비교하거나 판단하거나 경쟁하는 것이 아니다. 더 나은 삶을 살기 위해 선택을 하는 것을 의미한다. 당신은 교정되어야 할 대상이 아니라 누구보다 중요한 사람, 당신 자신에게 사랑받고 보살핌을 받아야 한다는 걸 이해하는 방편이다.

마녀들이여,
베일을 벗고 있는 그대로의
모습으로 나오라.
세상에게는 당신이
필요하다. 지구 어머니가
당신을 부른다.

이제부터 자신을 사랑하면서 삶으로부터 도피하지 않고 삶을 조율하는 훈련을 이야기하려 한다. 내면의 마법을 증폭시키는 데 도움이 되는 방법들이다.

자신을 보살핀다

자신을 보살핀다는 것은 영혼과 마법의 강한 결속이 유지되도록 자신의 몸과 영혼을 신중히 돌보는 행위를 말한다. 자신을 돌보는 행위는 사람마다 같을 수 없다. 나의 경우는 날마다 명상과 핫요가를 하고 건강한 음식을 먹고 마법을 창조한다. 그 행위가 다른 사람의 눈에 별스럽게 비친다고 해서 주눅이 들 필요는 없다. 예를 들어, 나는 자위 행위가 전화통화나 문자 메시지, 소셜 미디어를 끄고 갖는 휴식시간처럼 나를 돌보는 행위라고 생각한다.

작은 의식을 실천한다

나는 사업체를 두 곳 운영한다. 아이들을 둔 어머니이고, 친구들과 가족들, 공동체, 행동주의에 많은 시간을 쏟는다. 그래서 자아와 접촉하는 작은 의식들을 하루 내내 실천한다. 나 자신에게 "헤이, 내가 널 보고 있어. 조금만 속도를 늦추고 재정비를 해봐." 라고 말하는 시간이다. 내가 좋아하는 작은 의식들 중에는 차 마시기와 스트레칭이 포함된다. 확신을 주는 긍정의 말들을 머릿속에서 혹은 소리 내어 말하기도 한다. 어떤 의식이 당신에게 가장 잘 맞는지 찾아보자.

당신의 열정을 따른다

만약 심장이 활활 타지 않는다면 대체 우리는 누구일까? 자신의 열정을 따르거나 살고 싶은 삶을 살아가는 것에 부끄러움이 있을 수는 없다. 물론 대부분의 사람들에게는 지불해야 할 청구서와 책임질 일들이 있다. 옆 걸음을 하더라도 괜찮으니 상황을 바꿀 만한 힘이 생길 때까지 한 번에 한 걸음씩 떼 보자. 무엇에 열정을 느끼는지 확실하지 않다면? 매주 새로운 활동을 시도해 보고 무엇이 당신의 기운을 가장 북돋는지 판단하면 된다.

진정한 자아의 말에 귀를 기울인다

과거의 유령들이 속삭이는 목소리와 당신의 진정한 자아를 구별하는 법을 알아야 한다. 유령들의 목소리는 대개 당신을 잘못된 방향으로 이끈다. 당신이 부족하다고 믿게 만들어 참된 삶으로부터 멀어지게 만들기 때문이다. 반면 당신의 직관은 올바른 길을 보여줄 것이다. 그러니 진정한 당신을 판별하는 법을 알아야 한다.

당신 자신과 하이 파이브

쪽지에 긍정의 말을 적어 눈에 잘 띄게 집 안 곳곳에 붙여 둔다. 칭찬하는 쪽지, 당신이 얼마나 강력한지 일깨우는 쪽지들도 적어 둔다. 날마다 계속되는 일상이 끼어들어 정말 중요한 것과 당신의 목적을 가릴 수 있다. 그럴 때 이 쪽지들이 자아로 다시 돌아가는 데 도움이 될 것이다.

마음의 휴식 시간을 갖는다

가능하면 자주 명상을 한다. 사람들은 명상을 통해 내면의 지혜와 평화, 접점을 찾는다. 명상은 마법의 총량을 키운다. 요가나 수영, 등산, 뜨개질 같은 활동을 하는 와중에도 명상을 하면, 머릿속의 소음과 어지러운 마음을 잠재우고 무아지경과 같은 기분을 느낄 수 있다.

자연과 어울린다

지구 어머니와 접촉하는 것은 자기를 사랑하는 최고의 방법이다. 지구는 우리를 우리의 뿌리로 되돌리고 균형을 잡아주며 땅에 발붙이게 한다. 몸과 영혼을 속박하는 부정적인 것들을 풀어버리고, 디지털 세상을 벗어난 우리의 본모습을 일깨운다. 맨발로 풀밭을 걷고, 소풍을 나가고, 숲길을 탐험하고, 호숫가를 거닌다. 적어도 일주일에 한 번은 밖으로 나가서 자연으로 돌아가 보자.

지구 어머니를 돌본다

지구 어머니를 돕는 일을 하면 마녀의 심장은 활짝 피어난다. 일상 생활 중에 할 수 있으면서도 큰 변화를 일으키는 간단한 일들을 해본다. 가는 길에 떨어진 쓰레기를 줍는다거나, 길 잃은 동물을 돕거나, 목마른 식물에게 물을 주는 일들 말이다. 영양 가치에 비해 농업 자원을 더 많이 투자해야 얻을 수 있는 고기와 낙농제품의 소비를 줄인다.

부정적인 것은 거부한다

자기를 사랑하는 훈련 가운데 가장 중요한 것 중 하나가 부정적인 기운과 에너지로부터 당신을 보호하는 일이다. 우리들은 대부분 공감 능력을 타고나서 다른 사람이 느끼는 것을 느끼는데 부정적인 감정도 마찬가지다. 그것이 우리의 기분에 영향을 미치고 이러한 일이 너무 자주 벌어지면 우리의 건강도 영향을 받게 된다.

가정의 질서를 잡는다

집 안을 정리하고 청구서를 처리하고 다른 집안일을 한다. 마녀들이여, 귀찮아도 그냥 해야 한다. 목적을 설정하거나 그날 혹은 일주일 동안 할 일을 적어 두고 우선 순위를 정한다. 집 안이 뜻대로 돌아간다는 생각이 들거나 계획이 서 있다면 스트레스나 걱정이 줄어들 것이다. 며칠 긴장을 푼다고 해서 큰일 날 건 없지만, 원대한 꿈을 가지고 있어도 그것을 현실로 이루기 위해서는 할 일을 해야 한다는 걸 항상 명심한다.

자기애를 북돋는 주문

가끔씩 작은 격려를 해 보면 어떨까. 특히 자신에게 관심을 기울이고 자기애에 흠뻑 취해 본다. 이 주문들은 심장을 담대하게 만들고 내면의 자아를 향해 돌린다.

자아를 회복하는 목욕 주문

이 주문은 균형을 잡고 긴장을 풀며
부정적인 것을 해소하려는 사람들에게 완벽한 주문이다.
당신의 에너지를 안아주는 것과 같다.

준비물

앱솜 소금 1 컵(250g)
히말라야 소금 1 컵(300g)
얇게 자른 오렌지 1 조각
말린 허브와 꽃잎.
라벤더, 장미 꽃잎, 재스민, 바질, 레몬 밤, 금잔화,
히솝풀 중 적어도 3 가지를 각각 1/2컵씩 준비한다.
얇게 자른 레몬 조각 1 개
한두 가지 에센셜 오일 3 방울
베르가못, 장미, 라벤더 중 선택한다.
흰색, 분홍색, 혹은 빨간색 양초 1 개
크리스탈이 담긴 작은 그릇
홍옥수(carnelian), 장미 수정, 연수정(smoky quartz) 중
아무것이나 괜찮다.
시나몬 1 티스푼
향. 백향목, 기린혈(dragon's blood), 팔로산토,
라벤더, 장미 중에 선택한다.

사용법

· 욕조에 원하는 온도의 목욕물을 받는다.
 그 사이 큰 냄비에 물을 끓이고 소금과 오렌지 조각,
 말린 허브나 꽃잎을 넣고 5분 동안 우린다.

· 냄비 안의 것을 욕조에 넣고 레몬 조각과 에센셜 오일을
 추가한다. 욕실 안의 안전한 곳에 촛불을 켜서
 크리스탈 그릇 바로 옆에 놓는다.

· 욕조에서 얻고자 하는 것, 집중이나 해방,
 균형 같은 것을 작은 종이에 짧게 적는다. 쪽지를 크리스탈
 그릇 안에 놓고 그 위에 시나몬을 조금 뿌린다.

· 불을 붙인 향을 몸 주위로 돌려 연기가 당신을 정화하게 한다.
 목욕하는 동안 향이 타게 둔다.
 원하면 긴장을 풀어주는 음악을 틀어도 좋다.

· 목욕하는 동안 쪽지에 적힌 소망에 정신을 집중한다.
 컵을 이용하거나 손으로 목욕물을 목과 어깨,
 머리 위와 주변에 붓는다. 주문은 완성된다.

· 쪽지는 버리지만, 크리스탈 그릇과 양초는 다음에
 이 주문을 다시 할 때 써도 된다.

재충전과 리셋을 위한 족욕 주문

물에 발을 담그는 주문은 발 밑에 가라앉은 불순한 것들과
정체된 에너지를 끌어내 물속으로 내보내고 당신을 리셋
시킨다. 삶 속에 갇혀 아무 데도 갈 수 없다고 느끼는 사람들에게
특히 좋다. 당신을 보호하는 긍정적인 에너지로 당신을 채우고,
삶의 기회를 열어 풍요가 흘러 들게 할 것이다.

준비물

두 발을 편히 담글 수 있는 용기를 준비한다.

에센셜 오일 한두 가지 4~7 방울

백향목, 유칼립투스, 제라늄, 로즈메리 중에서 선택한다.

오트밀 1 컵(120g)

우유 1컵(250ml). 동물성 우유도 견과류 우유도 괜찮다.

바다 소금 1/2컵(125g)

엡솜 소금 1/2컵(125g)

커피 가루 3 티스푼

꿀 1/2컵(180g)

말린 로즈메리, 세이지, 바질, 금잔화 섞은 것 1컵(50g)

향 혹은 향기 나는 양초. 백향목, 샌들우드,

향나무, 라벤더 중에서 선택한다.

사용법

· 대야에 편안한 온도의 따뜻한 물을 채운다.
  에센셜 오일, 오트밀, 우유, 소금, 커피, 꿀, 허브를 넣는다.
  향이나 양초에 불을 붙인다.

· 적어도 20분 동안 발을 담그고 물에 넣은 것들이 효과를
  발휘하게 한다. 소리를 내지 않는 주문이므로 주의가
  산만해서는 안 된다. 음악도 안 된다. 눈을 감고 명상한다.

· 족욕이 끝나면 차가운 물로 발을 씻는다. 주문에 쓴 물을 나무
  둥치 옆 흙 속에 버린다. 당신이 사는 곳에서 멀리 흘러 나가는
  강물이나 교차로에 버려도 좋다.

깊은 사색을 위한 꿀단지 주문

나는 꿀단지 주문을 대부분 사랑과 부의 문제를 다룰 때 쓰지만, 자기애를 북돋을 때도 변칙처럼 쓴다. 이 주문은 깊은 차원의 치유를 가져오고 자기애를 방해하는 것들로부터 당신을 보호해 줄 것이다. 효력은 평생 지속된다.

준비물

로즈메리 허브 묶음이나 향
향은 기린혈(dragon's blood),
코팔, 스타아니스 중에서 선택한다.
갈색 종이 포장지에서 찢어낸 작은 조각과 펜
꿀단지와 티스푼 1개
러비지 뿌리, 말린 바질, 말린 장미 꽃잎 약간씩
당신의 머리카락 1올, 혹은 당신의 손톱 조각,
혹은 생리혈 1방울
꿀단지 주위에 뿌릴 만한 분량의 소금
시나몬 스틱 1개
로즈메리 가지 1개
정향 2~3개
작은 장미 수정 1개
시나몬 에센셜 오일. 손가락을 담글 만큼 충분한 분량
막대 모양의 작은 양초 1개. 빨간색 혹은 흰색

사용법

· 말린 허브나 향으로 공간을 정화한 뒤 준비한 것들을 모두 바로 옆에 늘어놓는다. 갈색 종이에 사랑의 상징을 하나 그리고 나서 '나는 나를 조건 없이 사랑한다' 혹은 '나는 사랑받을 자격도

가치도 있다' 혹은 그저 간단히 '스스로를 사랑하기' 처럼
이루고 싶은 것을 짧게 쓴다.

· 꿀단지를 열고 티스푼으로 꿀을 한 번 먹고 나서
글로 적은 소망을 진심을 담아 천천히 소리 내어 말하거나
속으로 생각한다. 두 번 반복하면서
매번 티스푼으로 꿀을 떠서 먹는다.

· 갈색 종이를 앞에 놓고 러비지 뿌리와 바질, 장미 꽃잎을 조금
집어 종이 한가운데 놓는다. 당신의 머리카락이나 손톱 조각,
생리혈을 추가한다. 종이의 가장 먼 부분을 당신 쪽으로 접고
나서 종이가 가장 작아질 때까지 종이를 계속 접는다. 종이를
꿀단지 안에 넣고 숟가락으로 종이를 꿀 속으로 살짝 밀어
넣는다. 소금을 시계 반대 방향으로 꿀단지 주위에 뿌린다.
시나몬 조각과 로즈메리, 정향, 장미 수정을 집어 꿀단지 안에
같이 넣고 나서 뚜껑을 덮어 잠근다.

· 손가락에 시나몬 오일을 묻혀 쓰다듬듯 맨위에서 아래쪽으로
양초에 바른다. 촛불을 켜고 촛농을 꿀단지 뚜껑에 조금
떨어뜨려 양초를 뚜껑에 고정한다. 양초가 뚜껑 위와 꿀단지
옆으로 녹아 내려 꿀단지가 봉인될 때까지 둔다.
** 예뻐 보이거나 완벽해 보이지 않아도 된다.

· 촛불이 모두 타고 밀랍이 굳으면 꿀단지를 제단 위나 잠자는
침대 옆에 놓아 둔다. 아니면 땅에 구덩이를 파고 흙 속에
묻는다. 흙을 절반 정도 덮었을 때 아무 꽃이나 허브 씨앗을
심고 나서 흙을 완전히 덮어 마무리한다. 씨앗에 물을 준 뒤
잠시 옆에 앉아서 지구 어머니에게 이 주문을 받아 씨앗이
자라게 해 달라고 빈다.

치유 에너지를 반사하는 거울 주문

이 주문은 마음에 강력한 사랑의 불을 지펴 스트레스와 불안을
막을 뿐 아니라 치유 에너지를 세상 속으로 발산하는 데도 좋다.

준비물

탁자 위의 거울 1개
차가운 물이 담긴 유리잔 1개
은빛이 나는 양초 1개
말린 바질 1 티스푼
말린 장미 꽃잎 1 티스푼
작고 투명한 수정 크리스탈

사용법

· 자신에게 해 주고 싶은 말, 자신을 사랑한다는 말을 떠올린다.
 "나는 사랑받을 자격이 있다.
 나는 나 자신을 사랑한다'와 같은 말도 좋다. 거울을 마주하고
 편히 앉는다. 물잔과 양초를 바로 앞에 놓고 촛불을 켠다.
 시나몬 오일을 물속에 3방울 떨어뜨린 뒤 곧바로 바질과
 장미 꽃잎을 떨어뜨린다. 수정도 물속에 넣는다.

· 잠시 촛불을 바라보면서 긴장을 풀고 마음을 비우는 데
 집중한다. 준비가 되면 거울을 바라보면서 당신의 눈을
 들여다본다. 노래를 부르듯 사랑의 말을 여러 번 읊조린다.
 매번 당신의 에너지가 내면에서 점점 더 강해지는 것을 느낀다.

· 내면에서 환한 분홍색 빛이 한 줄기 뿜어져 나와 당신의 몸을
 감싸고 고동치며 커지다가 우주 속으로 뻗어 나가는 것을
 상상한다. 부정적인 생각이나 에너지가 모두 씻겨 나가는 것이

느껴질 때까지 계속한다.

· 당신 자신을 위해 이 주문을 해 준 당신 자신에게 고맙다고 말한다. 이제 촛불을 불어 끈다.

· 이제 당신의 치유 에너지와 사랑의 에너지가 가득 들어찬 유리잔을 제단 위나 침대 옆, 혹은 원하는 곳 아무 데나 놓아 둔다. 그것이 계속 당신의 공간을 사랑과 치유의 에너지로 가득 채울 것이다. 사흘 뒤에 내용물을 버린다.

Picture a bright pink light radiating within and around your body pulsing and growing until it pushes out into the universe. Keep going until you feel like you've washed away all negative thoughts or energies.
Tell yourself how grateful you are for having done this spell be yourself. Blow out the candle.
Keep the glass, which is now filled with your healing and loving energy on your altar, by your bed, or anywhere you prefer. it will continue to fill your space with love and healing energies. Throw away the contents after three days.

PART TWO

The Craft Unveiled

마녀의 수련법

Beginning Your Magickal Practice

마법 훈련을 시작하며

마법을 훈련하는 데 필요한 테크닉과 기술은 많지만, 가장 기본적인 것 몇 가지를 공유하려 한다. 어떤 기술은 다른 것보다 더 빨리 터득되기도 하는데, 지극히 자연스러운 현상이니 하나하나 빠짐없이 시간을 들여야 한다. 수련하는 방법을 살짝 틀어 응용하고 싶다면 그렇게 해도 좋다. 이제부터 내가 알려주는 방법을 시작점으로 당신만의 마법술을 쌓아가면 된다. 진정한 마녀는 수련하는 마녀이고, 우리의 마법은 끊임없이 진화한다. 한 가지 기술을 완전히 터득했다는 생각이 들어도 더욱 발전시키는 방법을 찾아야 한다.

이유는 분명하지 않아도 몇몇 마법은 특히 중요하다. 내가 어떤 것들이 특별한 측면에서 주문과 마법에 아주 중요하고 말한다면 부디 내 말을 믿어주길 바란다. 예를 들어, 마음을 비우고 당신의 의지에 집중하는 기술은 반드시 알아야 한다. 에너지를 끌어올려 마법의 작용을 향상시키는 것도, 4원소의 힘을 동력으로 활용하는 것도 마찬가지다. 훈련에 매진한다면 마법의 진정한 힘을 경험하게 될 것이다.

명상
Meditation

마법을 최대한 끌어내려면 산만한 바깥 요인이 차단되고 몸과 마음이 고요해지는 곳으로 가야 한다. 그래야 하려는 일에 오롯이 집중할 수 있다. 명상이 바로 그렇다. 명상은 마음속 에너지를 교란하는 것을 비워내서 의식과 자의식을 높여 마법을 끌어올리는 기술이다. 긍정적인 에너지를 끌어내고 발현 능력을 확장하는 기술이기도 하다.

모든 마녀들은 특정한 방식으로 날마다 명상을 해서 마음과 몸, 그리고 영혼 사이의 의사소통을 강화해야 한다. 어디에 있든 정신을 현혹하는 것들을 차단하고 어느 시간, 어느 곳에서도 명상할 수 있을 때까지 훈련한다.

명상 훈련

명상에 옳고 틀린 방법은 없다. 하지만 기본기부터 다지는 것이 좋으므로 한번 해볼 만한 네 가지 기술을 이야기할 테니 자신에게 가장 알맞은 것을 찾도록 한다. 에센셜 오일, 향, 크리스탈과 보석, 허브와 차(tea)가 명상을 개선하는 데 자주 활용된다. 내가 명상할 때 같이 써서 가장 효과를 본 것들과 그 사용법은 다음과 같다.

허브

펜넬, 금잔화, 히비스커스, 카모마일, 라벤더, 레몬그라스
말린 허브 한 묶음을 약불에 태워 연기를 낸다. 하얗게 달궈진 숯 위에 얹어도 좋다. 명상 전에 갓 끓인 물에 생 허브나 말린 허브를 우려내 마셔도 좋다.

향

샌들우드, 라벤더, 레몬그라스, 솔잎, 호박(amber), 시나몬 향에 불을 붙여 연기에 당신의 공간이 마법의 향기로 가득 차도록 한다. 위에서 설명한 대로 숯에 허브를 올려도 된다. (위 허브의 내용 참조)

에센셜 오일

유향, 몰약, 백향목, 라벤더, 팔로산토, 세이지, 쑥. 디퓨저에 오일을 넣거나 베이스 오일에 희석해서 피부에 바른다.

크리스탈 보석

어안석(apophyllite), 남동석(azurite), 천청석(celestite), 자수정, 수

정, 댄버라이트, 투석고(selenite). 크리스탈이나 보석을 주변에 놓아 두거나 몸에 착용한다.

크리스탈 에너지를 이용한 깊은 명상

호흡에 집중하는 것은 가장 간단하면서도
가장 오래된 명상법 중의 하나다. 이 기술을 매일 훈련한다.
처음에는 5~10분 동안 지속하다가 20분까지 시간을 늘린다.
명상 중에 크리스탈을 활용하면 자아와의 연결을 강화하고
명상 중에 깊은 통찰력을 얻는 데 도움이 된다.

준비물

명상용 크리스탈이나 보석 한두 개
** 위 내용 참조

사용법

· 조용한 곳을 찾아 편히 앉아 가만히 있는다. 크리스탈이나
  보석을 한두 개 선택해 손에 쥐고 있거나 몸에 착용하거나
  주변에 놓아 둔다. 이제 생각을 비운다.
  얼굴 근육을 풀고 눈을 감는다.
  ** 단련이 되면 눈을 뜨고도 명상할 수 있다.

· 코로 심호흡을 한다. 숨을 복부로 들이마신 뒤 폐 안이 빌
  때까지 입으로 천천히 숨을 내쉰다. 마음이 비워질 때까지
  호흡에만 집중하다가 크리스탈 에너지에 집중한다.

이 방법을 익히면 마음을 조용히 가라앉히는 데 도움이 될

것이다. 에너지에 집중하는 훈련은 주변 세상의 에너지를
의식하는 데 좋고 마법의 기술을 연마하는 데도 도움이 된다.

마음을 비우는 촛불 명상

촛불의 불꽃과 불빛은 빠르게 최면 효과를 내서 트랜스 상태를
유도하기 때문에 다른 영역으로 쉽게 이동하게 한다. 마녀들은
불꽃에서 해답을 구하는 이른바 '불멍 점'을 이용한다. 하지만
여기서 우리는 불꽃을 이용해 마음을 비울 것이다. 이 훈련은
어둡거나 불빛이 어둑한 방에서 할 때 가장 효과가 좋다.

준비물

유향, 몰약, 백향목, 라벤더, 팔로산토, 세이지,
혹은 쑥 에센셜 오일이 함유된 양초 1개

사용법

· 양초를 되도록 눈높이와 나란한 곳에 놓는다. 바닥에 앉아
  있다면 정면으로 1미터 정도 떨어진 곳에 놓는다.

· 편히 앉아서 앞서 명상 편에 나온 호흡법을 활용해 몸의
  긴장을 푼다. 불꽃에 주의를 집중하다가 시선을 풀고 명상을
  계속한다. 처음 수련할 때는 10분 정도 이 방법을 쓰고,
  차차 숙련이 되면 20~30분으로 시간을 늘린다.

집중을 돕기 위한 음악 명상

명상할 때 무엇이든 단조롭게 반복되기만 하면 음향도, 단어도,

문구도 음악이 될 수 있다.

많은 이들이 반복되는 음악에서 마음을 비우고 주변의 소음을 차단하는 데 도움을 얻고 있다.

사용법

· 조용한 곳을 찾아 편히 앉는다. 소리나 문구가 반복되는 음악을 선택한다. 마음에 드는 것이면 무엇이든 괜찮다.

  내가 즐겨 듣는 것은 "음, 나는 빛이다." 혹은 "나는 강력하다" 아니면 "흙, 공기, 불, 물"와 같은 것이다.

  흥얼거리는 콧소리도 듣는다. 하지만 사적인 것일수록 더 강한 결속감을 일으키므로 사적인 것이 좋다.

· 눈을 감고 호흡에 집중하면서 음악을 시작한다. 천천히 진행하면서 편안한 리듬을 찾는다. 오로지 음악의 사운드와 진동에만 집중한다. 10~20분 동안 계속한다.

명상을 돕는 마법 포션

찻잎을 우려낸 이 특별한 마법 포션은 내가 명상할 때 쓰려고 고안한 것이다. 명상하기 전 10분 동안 이것을 마신다.

준비물

말린 수련 꽃 1 티스푼
펜넬 씨앗 1 티스푼
말린 민트 1 티스푼
말린 장미 꽃잎 1 티스푼
말린 라벤더 1 티스푼
말린 레몬 밤 1 테이블스푼

우유. 입맛에 맞는 견과류 우유라면 더 좋다.

입맛에 맞는 꿀

입맛에 맞는 술

** 선택 사항이며 성인에게만 해당된다.

사용법

· 찻주전자에 말린 재료를 넣고 갓 끓인 물 1컵(250ml)을 붓는다.
  우유와 꿀을 조금 넣고 원한다면
  보드카나 럼 같은 술을 조금 추가한다.

이미지 떠올리기

상상력을 발휘해 당신의 의지를 실현할 때 이미지를 떠올리면 도움이 된다. 다른 모습으로 다른 장소에서 활약하는 환상에 젖어 본 적이 있을 것이다. 그렇다면 당신은 이 강력한 기술을 이미 터득한 것이나 마찬가지다.

당신에게 가장 잘 맞는 명상의 형식을 선택한다. 마음을 비우고 나서 구체적인 이미지를 떠올려 본다. 그리고 그것이 무엇이든 이루어지는 것을 상상한다. 예를 들어, 치유되기를 바란다면 이미 치유된 당신의 모습을 떠올리는 것이다.

이미지를 떠올릴 때 모든 오감이 작동한다면 가장 큰 효과를 낸다. 시각과 후각, 미각, 청각, 촉각이 감지하는 것들에 집중한다. 당신을 그곳으로 이동시켜 거기 살도록 한다. 이 기술은 거의 모든 경우에 효과가 있다. 단지 시간이 걸리고 훈련이 필요할 뿐이다.

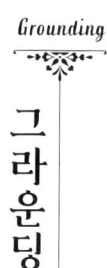

그라운딩
Grounding

그라운딩, 땅과 연결된다는 것은 에너지를 중심부에 모으는 것이다. 집중한 느낌, 균형이 잡힌 느낌, 강해진 느낌이 느껴지도록 당신의 에너지를 전달하는 것이다. 땅과 연결되지 못하면 원하지 않는 감정이나 행동을 겪게 된다. 단절감, 신체적·정서적 무기력감, 짜증, 걱정, 동요, 뚜렷한 원인이 없는 불안감을 느낄 수 있다. 이것은 당신의 의지를 흐트러뜨려 마법의 실현을 방해할 수 있다. 그라운딩은 마법에 없어서는 안 되는 것으로, 인생 전반에 걸쳐 큰 혜택으로 작용한다. 지구 어머니와의 접속을 강화하는 방편이기 때문이다.

그라운딩 훈련

지구와 더 깊이 연결되는 훈련을 하루에 적어도 한 번은 한다.

루팅(rooting), 뿌리 내리기

루팅은 간단한 그라운딩 기술인데, 당신에게서 뿌리가 뻗어 나와 지구 속으로 들어가는 모습을 떠올리는 것이다. 서서 해도 좋고 앉아서 해도 좋다.

- 눈을 감고 심호흡을 세 번 한다. 이제 당신의 등허리에 집중한다. 앉아 있다면 당신의 등허리에서 뿌리들이 뻗어 나와 지구 속으로 내려가는 모습을 떠올린다. 서 있다면 뿌리가 당신의 다리를 통해 내려가 발바닥을 뚫고 나가서 땅속으로 들어가는 것을 상상한다.
- 뿌리와 함께 땅속을 여행을 한다. 바위와 흙을 헤집고 나아가 지구 중심부로 깊숙이 들어간다.
- 중심부에 도달하면 당신의 에너지를 뿌리에 남겨 두어 그것이 지구 어머니에게 자양분이 되는 것을 상상한다. 마음이 차분해지고 다시 연결된 느낌, 집중한 느낌이 들 때까지 계속한다.

어싱(earthing), 지구와 닿기

지구의 자연 에너지와 연결되는 것은 마녀의 삶에서 핵심적인 부분을 차지한다. 이 연결 없이는 자신의 마법과도, 자아와도, 진실과도 연결되지 못한다. 우리는 자연의 일부이기 때문이다. 어싱은 건강상의 많은 혜택을 가져온다. 어싱 인스티튜트(Earthing Institute)에서 진행한 연구들을 살펴보면, 자연과 가까이 할수록 에너지가 커지고 수면의 질이 높아지며 스트레스가 줄어서 치유의 시간이 줄어든다는 걸 알 수 있다.

지구 어머니의 치료약을 마시자. 맨발로 풀밭을 걷고, 나무 아래 앉고, 나무를 껴안는다. 모래와 바위, 흙의 느낌을 즐기는 것도 잊지 않는다. 지구 어머니와 연결되는 데 필요한 것은 무엇이든 괜찮다.

크리스탈과 보석을 이용한 그라운딩

크리스탈이나 보석과 함께하면 빠르고 쉬운 그라운딩이 가능하다. 단순히 크리스탈을 손에 쥐고만 있어도 내면에 남아도는 에너지를 제거할 수 있다. 나는 그라운딩에 적철석(hematite), 흑요석, 전기석(black tourmaline), 호안석 같은 크리스탈을 즐겨 쓴다.

- 당신의 에너지가 손을 통해 크리스탈로 흘러가는 것을 상상한다.
- 불편하고 부정적이며 부담스러운 에너지를 내보내는 데 집중한다.
- 당신에게서 부정적인 에너지를 넘겨받은 크리스탈을 정화한다. 쑥 묶음이나 향을 쓰면 되는데, 팔로산토, 백향목, 혹은 샌들우드 중 하나를 선택한다. 아니면 소금물이 담긴 그릇에 크리스탈을 최소한 1시간 정도 놓아 둔다. 크리스탈을 땅 위에 놓아두어도 정화가 된다.

음악 듣기

음악, 특히 북소리는 그라운딩의 효과를 낸다. 그냥 들어도 좋고 북을 직접 연주를 해도 좋다. 어찌됐든 일정한 리듬이 가장 효과가 크다. 나는 아침 의식을 할 때 북소리를 즐겨 듣는다. 또한 작은 탐보라를 두드려 나의 영혼을 고양시키고 나 자신을 지구 어머니에게 연결한다. 북소리가 반드시 세련되어야 하는 것은 아니다. 끌거나 손쉽게 접할 수 있는 것은 무엇이든 두드려도 괜찮다.

───   그라운딩에 좋은 음식 섭취하기
지구에서 직접 자라나는 먹을거리, 특히 채소는 그라운딩에 도움이 된다. 그라운딩에 좋은 먹을거리를 매일 섭취하도록 하자.

───   에센셜 오일, 향, 허브 활용하기
에센셜 오일이나 향, 허브의 향은 그라운딩에 도움이 된다. 내가 좋아하는 향은 버티버, 파촐리, 안젤리카 뿌리, 일랑일랑, 로즈우드, 시나몬, 유향 등이다. 모두 에센셜 오일이나 향, 허브의 형태로 구할 수 있는 것들이다. 나는 허브 차를 한 잔 만들어 마시는 것으로 그라운딩에 도움을 받고 있다.

───

땅과 연결되고 중심을 잡기 위한 마법 포션

이 마법 포션은 쉽게 만들 수 있고,
스트레스와 불안을 완화하고 중심을 잡는 데 효험이 크다.
목욕물에 조금 타거나 피부에 바른다.
** 항상 피부에 조금 발라서 부작용이 없는지 확인하고 나서 사용한다.
성유 바른 양초를 사용해도 좋다.

준비물

10ml 약병 1개
호호바 오일 같은 베이스 오일
** 약병의 3/4를 채울 만한 분량

유향 에센셜 오일 9방울

라벤더 에센셜 오일 9방울

백향목 에센셜 오일 9방울

사용법

· 오일을 전부 약병에 넣고 나서 뚜껑을 꽉 닫고 흔들어
성분을 섞는다. 이것으로 끝! 그라운딩과 스트레스 해소가
필요하거나 자아를 회복해야 할 때, 손목이나 목덜미,
관자놀이에 이 오일을 한두 방울 떨어뜨린다.
목욕물에 탈 때는 양을 늘린다.
** 60~120ml 정도로

에너지 끌어내기
Raising Energy

마법을 부릴 때는 에너지를 끌어내는 방법을 알아야 한다. 주문의 목적을 실현하려면 에너지가 필요하다.

나는 어릴 때부터 오직 나의 생명력만으로 에너지를 끌어낼 수 있었지만, 이것은 기운을 대단히 소진하는 일이므로 초심자에게 추천하기 어렵다. 그 대신 크리스탈이나 음악, 4원소 같은 도구의 도움을 받아 에너지를 끌어낼 것을 추천한다. 별로 어렵지도 않다. 언제나 그렇듯 이것도 훈련이 필요할 뿐이다.

에너지를 끌어내려면 두 가지, 즉 '상상하기'와 '접속하기'가 필요하다. 지구를 비롯한 여러 대상과 접속하고 마음을 이용해 에너지를 형성할 수 있어야 한다. 하지만 명상을 통해 마음을 비우고 트랜스와 유사한 상태로 들어가야 에너지를 효과적으로 끌어낼 수 있다.

이제부터 소개하는 것들은 지구의 4원소를 이용해 에너지를 끌어내는 간단한 훈련법이다. 마지막 사례는 향상된 비법이니 필요하면 활용하도록 한다. 천천히 시간을 두고 정신을 집중하면서 인내심을 가진다. 포기해선 안 된다. 매일 짬이 날 때마다 조금씩 훈련한다. 당신은 에너지 자체이므로 에너지는 이미 당신의 몸속 깊숙이 존재한다는 걸 명심한다.

에너지를 끌어내는 방법을 쓸 때는 항상 에너지에 감사하는 마음을 갖도록 한다. 관련된 4원소나 영혼에 대해서도 마찬가지다. 또한 반드시 그라운딩을 해서 에너지와 안전의 근원지인 지구에 단단히 뿌리를 내리도록 한다.

지구 에너지를 끌어내기 위한 상상

지구 속에 뿌리를 내려 당신의 에너지를 내보내는 그라운딩 방법을 기억할 것이다. 이번 작업은 그 과정을 거꾸로 밟아 지구 어머니에게서 에너지를 가져오는 것이다.

사용법

· 땅 위에 앉거나 선다. 풀, 바위, 흙, 아무 데나 괜찮다.

· 뿌리가 당신의 등허리 아래쪽에서 뻗어 나와 지구 속으로 내려가는 것을 상상한다. 뿌리와 함께 땅속 깊이 내려가서 지구의 중심부까지 나아간다.

· 지구의 중심부를 고동치고 회전하는 커다란 에너지 공이라고 상상한다. 당신의 뿌리를 그 공 속에 담고 그것의 에너지를 당신의 뿌리 속으로 끌어당겨 당신의 내부로 쭉 빨아들인다.

나는 이 에너지가 푸른 빛을 띠고 내 몸 전체를 채운다고
상상한다.

· 머릿속이 어지럽거나 무거워진다면 너무 많은 에너지를
받아들인 것이다. 그럴 때는 그라운딩 방법으로 에너지를 조금
되돌려 보내면 된다.

· 이제 몸에 받아들인 에너지를 써서 마법을 작동시킬 수 있다.
순전히 훈련을 목적으로 이 작업을 했다면,
에너지를 공유해준 지구에게 감사하면서 뿌리 내리기 작업을
통해 에너지를 모두 돌려보낸다.

공기 에너지를 끌어내는 상상

에너지 공을 키울 때 공기 원소를 이용한다.

사용법

· 밖으로 나가거나 열린 창문 옆으로 간다.
눈을 감고 몇 번 심호흡을 한 뒤 몸을 차분히 가라앉히고
마음을 비우는 데 집중한다.

· 푸른 빛을 띤 공기가 몸속으로 들어오는 것을 상상한다.
몸 한가운데, 배꼽 바로 뒤쪽에 고동치는 푸른 공이 생겨나고,
그 안쪽에서 푸른 번개가 터져 나오는 것을 상상한다.

· 오른손 손바닥을 배꼽 위에 댄다. 손바닥이 자석처럼 공을
끌어당기는 느낌이 들 것이다. 몸속에서 손바닥으로 공이
빠져나오는 것을 상상한다. 오른팔을 천천히 오른쪽으로 쭉
내밀어 그 공을 놓아준다. 공이 공기 중에서 회전하는 것을
상상한다. 당신이 이용할 때까지 공은 그 자리에 머물 것이다.

- 이 과정을 몇 번 반복해서 같은 식으로 공들을 주변에 배치한다. 어떤 마법이든 마법을 실행할 때마다 이 에너지 공을 사용할 수 있다. 그저 공을 잡아 가져오거나 공이 당신에게 흘러온다고 상상하면 된다.

- 단지 훈련을 목적으로 이 작업을 했다면 공들을 다시 풀어준다. 손으로 공들을 붙잡아 입으로 불어 공기 중으로 날려보내면 된다. 공들을 지구 표면에 내려놓고 그것들이 땅속으로 가라앉는 것을 상상해도 좋다.

불의 에너지를 끌어내는 상상

불의 에너지는 촛불이나 뒷마당에서 타는 모닥불은 물론 어떤 형태의 불꽃에서도 끌어낼 수 있다. 하지만 얼마나 받아들일지는 신중히 결정해야 한다. 불은 길들여지지 않은 야생의 에너지라서 빠르게 커지고 이용할 때 조금 벅찬 느낌을 느낄 수 있기 때문이다.

가장 손쉽게 활용할 만한 불의 에너지는 햇빛이다. 햇빛 속으로 들어가서 태양으로부터 에너지를 끌어당기면 된다.

** 하지만 명심하자. 태양을 절대, 절대 똑바로 쳐다봐서는 안 된다. 선글라스를 써도 안 된다.

사용법

- 햇빛 속에 서서

  ** 시선을 태양을 향해 두지 않고

  투명한 크리스탈 공을 머릿속에 떠올린다.
  왼손을 태양을 향해 올리고 오른손은 공 쪽으로 올리면서 공을 향해 손바닥을 젓힌다.

- 잠시 호흡에 집중하면서 마음을 비운다. 이제 태양의 에너지가 느껴질 것이다. 태양을 마주한 손바닥으로 태양의 에너지를 끌어당긴다. 태양의 황금빛 에너지가 반대편 손바닥으로 나와 공으로 들어가는 것을 상상한다.

- 공이 환히 빛나면서 불의 에너지로 고동치는 것이 느껴지면, 두 손을 내리고 몇 번 심호흡을 한 뒤 그 공을 작업에 활용한다.

- 이 에너지를 풀어주려면 그라운딩 기술을 쓴다.

물의 에너지를 끌어내는 상상

물의 에너지는 가장 차분하고 사랑스러운 에너지 중 하나다. 나는 포용이 필요할 때마다 이것을 자주 이용한다. 잔에 담긴 물이나 목욕물, 폭포수, 바다에서 에너지를 끌어당기면 된다. 어떤 형태의 물이든 가능하다. 물의 에너지를 활용하는 가장 쉽고 가장 편리한 방법은 그릇에 담긴 물을 쓰는 것인데, 다른 물이라도 얼마든지 가능하다.

준비물

찬물이 담긴 중간 크기의 그릇 1개

사용법

- 물이 담긴 그릇을 바로 앞에 놓고 앉는다. 눈을 감고 몇 번 심호흡을 하면서 마음을 비운다.

- 물속에 두 손을 담그고 손의 긴장을 푼다. 손을 감싼 물이 진동하면서 아름다운 흰빛으로 환히 빛나는 것을 상상한다. 두 손이 물의 에너지를 받아들이고 흰빛을 내뿜는 에너지와

함께하도록 한다.

- 손 안쪽에서 에너지가 고동치는 것이 느껴지면 손을 물에서 들어올리고, 손이 하얗고 찬란하게 빛나면서 차분하고 사랑스러운 에너지를 내뿜는 것을 상상한다. 이 에너지를 마법이나 자가 치유에 활용한다. 예를 들어, 슬픔을 느낄 때 두 손을 심장 위에 대고 그 흰빛이 심장 속으로 스며드는 것을 상상한다. 당신의 심장은 그 에너지와 함께 빛날 것이다.

- 이 물의 에너지를 사용하지 않고 그냥 내보내고 싶다면 그라운딩 기술을 쓴다.

마법의 원뿌리를 끌어내는 의식

에너지를 끌어내는 이 마법 의식은 모임이나 집회에서 이루어지는 경우가 대부분이다. 하지만 선조들과 안내자들의 도움을 받아 혼자 하는 방법을 소개해 보겠다.

사용법

- 당신과 당신의 공간을 정화한다. 그라운딩 편에서 추천한 양초나 향을 태우는 것이 좋다. 그래야 훈련하는 동안 지구와의 접속이 유지된다. 나는 익숙한 향을 태우는 걸 좋아한다. 나의 자아로 돌아가야 한다면 그 향기에 집중하면 된다.

- 서 있거나 앉아서 의식을 치른다. 눈을 감고 안내자들과 선조들에게 도와 달라고 기도하거나 요청한다. 소리 내어 말해도 좋고 머릿속으로 생각해도 좋다. 세 번 아주 크게 심호흡을 하면서 긴장을 푼다. 몸을 똑바로 펴고 당신의 몸 한가운데, 배꼽 바로 뒤에 있는 에너지 공을 상상한다.

이 공이 고동치면서 당신이 숨을 쉴 때마다 매번 조금씩
자라나도록 한다. 이 에너지에 초집중한다.
그리고 그것을 공 안에 담는다.
**** 내가 아는 마녀들은 대부분 푸른 전기 불빛으로 이 에너지를
상상한다.**

에너지를 지배하게 되면 그것이 밖으로 자라나 선조들과
안내자들에게 연결되는 것을 상상한다. 그들의 에너지와
당신의 에너지가 얽히는 것을 상상한다.

· 이제 찬란한 한 줄기 흰빛이 당신의 중심부에서
구불구불 뻗어 나와 등허리를 타고 올라가서 정수리를 뚫고
공중으로 2미터쯤 치솟는 것을 상상한다.
둥그렇게 둘러선 모든 안내인들과 조상들에게도 같은 일이
일어나는 것을 상상한다. 모든 빛줄기들이 가운데서 만나
뾰족한 원뿔을 형성한다.

· 이 에너지가 천천히 시계방향으로 회전하기 시작하는 것을
상상한다. 당신이 주도한다고 생각하면서
에너지 원뿔이 점점 더 빠르게 회전하며 거꾸로 뒤집힌
소용돌이 모양이 되는 것을 상상한다.

· 이 에너지를 이용하기 위해서는 당신의 의지에 집중하면서
에너지를 원뿔의 꼭지점에서 끌어내 당신이 만들고 있는 마법
속으로 보낸다.

Manifestation
마법의 실현

마법의 실현은 바라는 것을 끌어당기는 능력에 전적으로 달렸다. 욕망은 무언가를 일어나게 만드는 능력인데, 그 욕망을 불러일으키는 것이 마법의 핵심이다. 태초부터 마녀들은 마법을 현실로 만들어 달라고, 마법 같은 일이 일어나게 해 달라고 자신의 에너지와 생각과 믿음에게, 우주의 법칙에게 빌었다.

소원을 비는 촛불 마법

이 마법이 이루어지려면 먼저 공간을 정화하고 그라운딩을 해야 한다. 그러고 나서 에너지를 끌어내고 자신의 소망에 집중한다. 유리 용기 안에 든 양초를 추천한다. 그래야 밤새 켜 두어도 넘어질 위험이 없다. 내가 아끼는 마법을 공개할 테니 효과를 거두기 바란다.

준비물

손으로 흔드는 작은 종 1개

작은 그릇 1개

말린 수레국화 꽃 1 티스푼

얄라파(High John the Conqueror) 뿌리 가루 1 티스푼

말린 히드라스티스(goldenseal) 1 티스푼

말린 소리쟁이(yellow dock) 2 티스푼

바질 에센셜 오일 30ml

파촐리 에센셜 오일 30ml

종이와 검은색 펜

용기에 든 흰 양초 1개

자기 머리카락 1 올. 혹은 생리혈 1 방울. 둘 다 있어도 괜찮다.
생리혈을 쓰고 싶지 않다면 손톱 조각을 쓴다.

투명한 황수정 크리스탈 여러 개

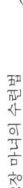

사용법

· 먼저 당신과 당신의 공간을 정돈하고 정화한 다음 종을 세 번 울려 방에 있는 에너지를 제거한다.

· 마법에 필요한 준비물을 꺼내 놓고 그것들 앞에 앉거나 선다. 이제 긴장을 풀면서 눈을 감고 세 번 심호흡을 한다. 그라운딩을 하고 나서 에너지를 방 안으로 끌어낸다.

· 허브와 에센셜 오일을 그릇에 담고 섞어 성유를 만든다.

· 종이의 한쪽 면에 펜으로 이루고 싶은 것을 쓴다.
아주 작은 부분까지 세세하게 적는다.

- 섞은 허브를 글이 적힌 종이 위에 조금 뿌린다.
  펜 자국이 번져도 상관없다.
  핵심은 허브가 당신의 말에 살포시 닿게 하는 것이다.

- 종이를 반으로 접는다. 가장 먼 쪽의 귀퉁이를 당신을 향해 먼저 접는다. 이것이 당신의 소원을 삶으로 불러올 것이다. 이제 종이를 옆으로 치운다.

- 용기 안에서 양초를 꺼내 두 손에 들고 양초에게 소원을 말하면서 주문을 건다. 적은 글을 그대로 말해도 되고, 그냥 원하는 걸 달라고 요구해도 된다. 원하는 걸 불러오기 위해 손가락을 허브와 오일 섞은 것에 담갔다가 양초를 맨 위에서 아래쪽까지 아래 방향으로 쓰다듬는다.
  마음속에 소망하는 것을 품고 성유를 바른다.
  그것을 상상하고, 그런 삶을 살고, 그것을 현실 속으로 가져와야 촛불이 그 에너지를 빨아들인다.

- 당신의 머리카락을 집는다. 생리혈이 있으면 머리카락에 생리혈을 묻힌다. 이 피는 대단히 강력해서 당신의 본질을 붙잡는 데 도움을 준다. 생리혈이 없으면 머리카락 대신 손톱 조각 세 개를 쓰는데, 그것에 침을 묻힌다.

- 양초에 머리카락을 두른다. 손톱을 쓴다면
  양초의 위쪽 심지 주변에 손톱을 박는다. 양초를 용기 안에 다시 넣고 주변의 에너지를 잠시 음미한다.
  숨을 한 번 크게 들이마신 뒤 숨을 천천히 불어 촛불을 끄고 내면의 마법을 그 안에 봉인한다.

- 양초가 달 에너지를 흡수하도록 해가 뜰 때까지
  양초를 창가에 놓아 둔다.

- 주변 공간과 당신을 다시 정화한다. 양초는 정화하지 않는다.

그라운딩을 하고 나서 잠시 앉아 나를 회복한다.

· 이튿날 아침 해가 뜰 때 양초를 제단이나 원하는 곳으로
가져간다. 세 번 심호흡을 한다. 마지막 숨을 양초 용기 주변에
천천히 내뿜어 달 에너지를 양초 안에 봉인한다.
글을 쓴 종이를 양초 밑에 두고 주변에 크리스탈을 배치한다.

· 이제 이 양초는 켤 준비가 끝났다.
이 촛불을 켜 두면 소원이 이루어질 것이다.

Amplifying Your Inner Sense

내면의 감성

내가 서너 살 때 나는 내 안의 어떤 존재가 나를 돕고 이끌고 싶어한다는 걸 알게 되었다. 처음에는 다른 사람들에 대한 느낌이 일어나더니 장소에 관한 느낌이 느껴졌다. 어찌된 일인지 본능적으로 그냥 알게 되는 것들이 있었다. 지금 생각해 보면 그것은 나의 직관, 내면의 감성, 그리고 누구나 접속이 가능한 상위의 지성이었다. 그것이 갈수록 강력해지면서 환상이 보이고 사방에서, 내 몸의 안팎에서 메시지가 들리기 시작했다. 내가 지금처럼 강한 직관을 갖게 된 것은 어릴 때부터 그것을 친구로 삼아 지냈기 때문이라고 믿는다. 나의 직관은 나를 진정으로 보살피는 유일한 존재다. 나는 언제나 나의 직관에 주의를 기울이며 그 목소리에 귀를 기울였다. 직관은 나를 오늘날 내가 있는 곳으로 데려왔다.

직관은 인생의 여정을 안내하는 인도자다. 올바른 선택을 하고 이롭지 않은 것들과 이롭지 않은 사람들을 피하도록 돕는다. 그러므로 내면의 감성을 키우는 것은 마법의 기술에서 중요한 측면을 차지할 수밖에 없다. 마법은 예측이 불가능한 것이므로 정신을 바짝 차리고 지금 일어나는 일이나 앞으로 일어날 일을 감지할 수 있어야 한다. 노련한 마녀들은 그간에 축적한 방대한 지식과 전문적인 마법의 기술만이 아니라 이 직관을 가미해서 느낌이 이끄는 대로 마법을 고안하고 치료제와 마법 포션을 만든다.

오늘날 현대화된 세상에서 우리는 내면의 감성보다는 외부 정보에 의지하는 경향이 크다. 하지만 일상 생활 속에서 직관과 다시 접속하는 간단하면서도 즐거운 마법 행위가 몇 가지 있다.

심령 능력을 높이는 사이코메트리 마법

사이코메트리는 촉감을 통해 대상을 알아내는 기술을 말한다.
이 훈련은 심령 능력을 개발하는 시작점으로 삼으면 좋다.

준비물

친구들로부터 무작위로 받은 크기가 작은 물건 몇 개
나중에 당신이 물으면 친구들은
그 물건에 대해 사실대로 말해 주어야 한다.
** 오래된 보석, 오래된 장난감, 열쇠, 그 밖에 다양한 쇠붙이면
충분하다.
쟁반 1 개

사용법

· 앉은 자리에서 손이 닿는 곳에 쟁반을 두고
 쟁반 위에 물건들을 놓는다.
 편안한 자세로 몇 번 심호흡을 하면서 마음을 비운다.

· 손바닥에서 따스한 에너지가 느껴질 때까지
 두 손을 비벼 에너지를 끌어올린다.
 이제 쟁반에서 물건을 하나 집어 두 손에 쥔다.
 눈을 감고 잠시 호흡에 집중하다가
 그 물건에 관심을 집중한다.

· 느껴지는 것, 보이는 것, 들리는 것, 냄새에 집중하면서
 물건이 서서히 당신과 연결되도록 한다. 직관력이 발동하도록
 간단한 질문을 떠올린다. "이 물건은 아이의 것인가, 아니면
 어른의 것인가?" "이것의 주인은 남성인가 여성인가?"
 "가장 최근에 이 물건을 소유한 사람은 죽었을까, 살았을까?"
 질문에 대한 대답이 맞고 틀리고는 생각하지 않는다.
 핵심은 내면의 감성이 당신과 나누는 의사소통에 집중하는
 것이다. 아무런 소득이 없어도 괜찮다. 그래서 훈련을 하는
 거니까. 인내심을 가지고 침착함을 유지해야 한다.

· 오롯이 물건에 집중하기 위해서는
 떠오르는 생각을 외우지 말고 당신의 말을 녹음하거나
 다른 사람에게 당신의 말을 받아 적게 한다.

· 물건을 빌려준 친구들과 함께 당신이 얼마나 정확히 맞췄는지
 결과를 확인한다. 빗나갔다고 해도 걱정할 것 없다! 시간은
 걸리겠지만 반복 훈련으로 직관은 증폭될 것이다.

직관을 키우는 크리스탈 그리드 마법

크리스탈 그리드는 강력한 소망과 의지를 끌어내기 위한 크리스탈의 특정한 배열 패턴이다.

그리드는 크리스탈의 특성을 증폭하는 데 도움을 줄 뿐 아니라 그 힘을 간직한다. 크리스탈 그리드가 아름다운 이유는 사실상 거의 모든 소망에 사용할 수 있기 때문이다. 아래에 있는 그리드를 준비한 것 위에 옮겨 그린다. 인쇄된 것을 사거나 허용된다면 인터넷에서 다운로드 받아 인쇄한 것도 좋다. 이 마법을 쓰려면 기존의 직관이 필요하다. 크리스탈을 어디에 놓을지 선택하는 것은 각자에게 달렸기 때문이다. 옳고 틀린 것은 없다. 시간이 걸려도 좋으니 그리드를 이용해 창조하려는 에너지에 오롯이 집중한다.

크리스탈 그리드 샘플

준비물

작은 크기에서 중간 크기의 크리스탈 6~12개.
크리스탈의 종류는 투명한 수정, 라피스 라줄리, 자수정,

아쿠아마린, 천청석(celestite) 중 세 가지까지 가능하다.

크리스탈 그리드 1개

사용법

· 직관을 이용해 가장 강력한 힘을 가졌다고 느껴지는
크리스탈을 골라 그리드 중앙에 놓는다.
이것이 마스터 그리드다. 계속 직관을 이용해서 나머지
크리스탈도 그리드 위에 놓는다.

· 그리드를 활성화하기 위해 손을 크리스탈 위로 옮긴다.
빛줄기가 각각의 크리스탈을 옆의 것과 차례차례 연결하고
모든 크리스탈이 한데 연결되는 것을 상상한다. 크리스탈
사이사이로 움직이는 빛에 집중한다. 이제 손을 마스터
크리스탈 위에 대고 당신의 소원과 소망을 위해 신호등처럼
모여든 모든 에너지를 느껴본다.

· 그리드를 안전한 공간에 둔다. 언제든 그리드가 충전이
필요하다고 느껴지면 크리스탈을 정화한 뒤 활성화 과정을
반복해서 그리드를 다시 활성화하면 된다.

상상력을 강화하는 투시력 훈련

투시력을 개발하는 가장 중요한 열쇠 중 하나는 이미지를
떠올리는 것이다. 이 훈련은 카드놀이를 이용한다.
나는 아이들이나 친구들과 함께 이 훈련을 즐겨하지만,
혼자 해도 무방하다.

준비물

카드 팩 1벌

종이와 펜

사용법

· 무작위로 카드 다섯 장을 뽑아 늘어놓고 10초 동안 그것들을
  살펴본다. 눈을 감은 뒤 카드들의 이미지를 머릿속에
  떠올린다. 이제 친구들을 시켜 카드를 눈앞에서 치운다.

· 카드들을 눈앞에 떠올리면서 그것들이 어떤 패였는지,
  어떤 모양이었는지, 어떤 인물이 있었는지 적는다.
  친구들에게 카드를 보여 달라고 하고 맞았는지 확인한다.

· 시간이 가면서 게임이 점점 쉬워질 테니 계속 도전한다.
  10초 안에 카드 10장을 떠올리는 것에 도전하면서
  실력을 점점 쌓아간다.

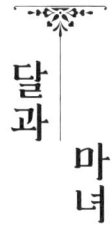

달과 마녀

The Moon and the Witch

마법에서 타이밍은 대단히 중요하다. 달의 변화 주기에 따라 달라지는 달의 모습은 마법의 작용에 지대한 영향을 미친다. 누군가는 달이 특정한 모양을 띨 때까지 기다릴 시간이 없다고 할지 모르지만 꼭 맞춰야 하는 것은 아니다. 어떻게 훈련할 것인가 하는 것은 마녀들 각자에게 달렸으니까. 하지만 나는 달과 조화롭게 살아가는 것이 인생의 자연스런 흐름과 어우러지는 길이며, 올바른 달의 모양이 내 마법을 크게 강화한다는 걸 알게 되었다.

달의 변화 주기는 한 바퀴 돌아오기까지 29 1/2일이 걸리는데, 그 동안 달은 뚜렷한 여덟 가지 모양을 거친다. 나는 각각의 모양이 어떤 점에서 중요한지, 각 단계 별로 어떤 마법이 어떤 소망을 실현하는 데 가장 효과적인지 이야기하려 한다. 어떤 크리스탈을 쓰는 것이 가장 좋은지도 공유할 것이다. 제단에 크리스탈을 놓아 두고 촛불 주변에 배열하거나(혹은 촛불 꼭대기에 박아 넣거나) 특정한 크리스탈이 필요한 마법을 쓸 때 활용하면 된다.

마법은 사람마다 다르게 작용한다는 걸 명심하자. 만약 어떤 마법이 달의 어떤 모양에서 가장 효과가 좋다는 걸 알게 됐다면 그것을 따르면 된다. 이 모든 것이 깨달음과 지식을 쌓고 자신만의 마법을 창조하는 과정이다.

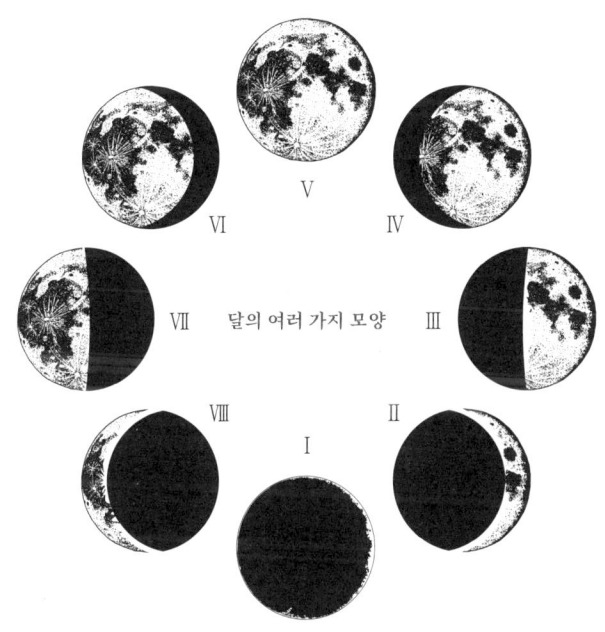

달의 여러 가지 모양

Ⅰ. 신월(New Moon)

신월은 달의 변화 주기가 시작되는 지점의 달이다. 뭔가를 현실로 이루고자 새로운 소망을 잉태하는 마법에 더할 나위 없이 좋다. 지구의 흙은 신월의 시기에 가장 비옥하다. 달이 지구 깊숙한 곳에서 물을 끌어올리기 때문에 집 정원은 물론이고 당신의 인생에 씨앗을 심기에 이상적인 시기다. 신월은 새로운 시작과 재탄생, 새출발을 여는 마법으로 우리를 초대한다.

- 효과적인 마법: 재생, 해방, 사랑, 새로운 방향, 개인의 발전, 소망의 실현
- 함께 쓰면 좋은 크리스탈 혹은 보석: 치유 받고 싶거나 과거를 떠나보내고 싶을 때, 아쿠아마린을 선택하면 좋다.

II. 초승달(Waxing Crescent Moon)

이 모양은 신월 이후 3 1/2일에서 7일째 나타난다. 달은 점차 커지는데, 이때 달의 에너지가 성장을 돕는다. 개선이 필요한 것들, 특히 직면하고 싶지 않은 것들에 빛을 드리운다. 자아에 집중하는 데 완벽한 달의 모양이므로, 자아를 깨우는 수련과 마법 행위에 힘쓰면 가장 높은 차원의 잠재력에 도달하는 데 도움이 된다. 또한 초승달은 내면 깊숙이 숨겨진 해답을 드러내 줄 것이나. 인생에 대한 여러 감정들, 특히 관계에 대한 감정을 깊이 들여다보기에 좋은 시기다.

- 효과적인 마법: 용기, 동기 부여, 영감, 태도 개선, 인내, 치유
- 함께 쓰면 좋은 크리스탈 혹은 보석: 초승달에는 장미 수정이 이상적이다. 장미 수정의 온화하고 차분한 에너지가 사랑, 특히 자기에 대한 사랑을 북돋기 때문이다. 로맨틱한 관계를 부르거나 현재의

관계를 개선하는 열정을 불러오기도 한다.

III. 상현달(First Quarter Moon)

이 모양의 달은 신월 이후 7일에서 10 1/2일에서 7일째 나타난다. 상현달은 끌어당김과 끌어들임에 최고다. 나는 잃어버린 물건이나 반려동물, 헤어진 사람들을 찾을 때 이 시기를 애용한다. 새로운 일자리를 찾는가? 새로운 사랑은? 더 많은 돈은? 이 시기에는 그와 관련된 마법이 잘 듣는다.

- 효과적인 마법: 행운, 부, 성공, 사랑, 보호
- 함께 쓰면 좋은 크리스탈 혹은 보석: 바라는 것을 끌어당기고 실현하고 싶을 때, 특히 그걸 가질 자격이 없다고 느껴진다면 나는 항상 황철석(pyrite)을 추천한다. 풍요가 필요할 때 황철석은 지혜, 특히 돈에 대한 지혜를 부르는 데 도움이 된다.

IV. 차오르는 달(Waxing Gibbous Moon)

이 모양의 달은 신월 이후 10 1/2일에서 15일째 나타난다. 차오르는 달은 상현달과 마찬가지로 끌어당김의 시간이지만, 일을 완성하고 목적을 달성하는 내면의 힘과 동기를 강화하기에 더 좋다. 나는 운동이나 다이어트 계획을 실천해야 하거나 미뤄 둔 일을 처리해야 할 때 활용하고 있다.

- 효과적인 마법: 결단, 자신감, 힘, 집중력, 명료함
- 함께 쓰면 좋은 크리스탈 혹은 보석: 홍옥수(carnelian)는 목표 달성이나 임무 완수, 프로젝트의 진행에 방해가 되는 두려움이나 불안을 해소하는 데 도움이 된다.

Ⅴ. 보름달(Full Moon)

이 모양의 달은 신월 이후 15일에서 18 1/2일째 나타난다. 보름달은 지구와 태양 사이의 정중앙에 위치한다. 모든 달 중에 가장 강력한 에너지를 가져오는 때라 많은 마녀들이 사사로운 마법은 힘이 덜한 시기로 밀고, 가장 중요한 마법은 아껴 두었다가 이 시기에 실행한다.

- 효과적인 마법: 영성, 건강, 성공, 행운, 변화, 심령 능력, 결정
- 함께 쓰면 좋은 크리스탈 혹은 보석: 투명한 수정은 보름달과 완벽히 어울린다. 마치 카멜레온처럼 어떤 목적이라도 모두 지원한다. 투명한 수정은 힘도 강력해서 증폭하고 해소하고 끌어당기고 방어하고 치유하는 데 쓰일 수 있다.

Ⅵ. 기우는 달(Waning Gibbous Moon)

이 모양의 달은 보름달 이후 3 1/2일에서 7일째 나타난다. 기우는 달은 보름달 직후 나타나므로 해소와 자기 반성을 하기에 좋은 시기다. 이 시기에는 자신의 삶을 찬찬히 돌아보아야 한다. 이곳이 내가 원하던 곳인가? 여기에서 어디로, 어떻게 가야 할까? 자기를 돌아보면서 더

이상 당신을 섬기지 않는 것들, 골칫거리, 장애물, 마음을 어지럽히는 것들, 친구들과 파트너와의 부정적인 관계를 해소하는 데 집중한다.

- 효과적인 마법: 해소, 기회, 마무리하지 못한 일, 나쁜 습관, 두려움, 부정적인 감정
- 함께 쓰면 좋은 크리스탈 혹은 보석: 자수정은 나쁜 습관을 버리고 바라는 것을 끝내 성취하도록 도울 것이다.

Ⅶ. 하현달(Third Quarter Moon)

이 모양의 달은 보름달 이후 7일에서 10 1/2일째 나타난다. 하현달은 문제의 근원을 파고들어 일의 진행을 가로막는 방해물을 제거할 기회를 준다. 이 시기에는 앞날을 내다보는 혜안이 작동한다. 나는 이 시기에 무엇을 변화시켜 이 방해물을 제거할지 알아내곤 한다.

- 효과적인 마법: 전환, 자각, 장애물 제거
- 함께 쓰면 좋은 크리스탈 혹은 보석: 이 시기의 마법은 용기가 필요한데, 용기와 관련이 깊은 혈석(bloodstone)은 하현달 시기에 가장 이상적으로 작용한다. 방해물을 치우고 문을 열어 주는 데 효과적이며, 힘과 강인함을 키워서 원하는 것을 성취하는 데 도움을 준다.

Ⅷ. 그믐달(Waning Crescent Moon)

이 모양의 달은 보름달 이후 10 1/2일째 나타나며 초승달이 시작되

는 시점으로 나아간다. 밤하늘에서 달이 사라질 때가 되면, 부정성(혼란), 유령, 스토커, 문젯거리, 스트레스, 질병을 추방하는 추방 마법을 본격적으로 실행해야 할 때다. 또한 마녀들은 온세상의 숨겨진 악을 제거하는 데 이 에너지를 사용한다.

- 효과적인 마법: 추방, 속박(타인의 행동을 제한하기), 보호
- 함께 쓰면 좋은 크리스탈 혹은 보석: 전기석(black tourmaline)은 추방 마법에 이상적인 선택이다. 해로울 수 있는 낮은 주파수의 에너지를 쫓아낸다. 전자기 방사선을 방어한다고 알려져 있기 때문에 해를 끼칠 수 있는 다른 것들도 쫓아낸다고 보아도 무방하다.

The Seasons of the Witch

마녀의 계절

많은 마녀들은 달의 모양을 따르기도 하지만 이른바 마녀의 계절을 기념한다. 마녀의 계절이란 천문학적 사건에 근거한 네 분점(equinox)과 이교도 전통의 계절 축제라는 네 지점(solstice)의 순환을 말한다. 이 전통 계절 축제 중 일부는 현재 세간의 축제로 자리 잡았다. 세간의 절기와 겹치는 마녀의 계절은 대체로 두 가지가 있다. 계절이 우리 곁에 있는 동안 그 에너지를 활용하면 어머니 지구와의 결속을 강화할 뿐 아니라 마법의 힘을 배가한다.

어떤 마녀들은 여덟 계절을 모두 축하하지만, 어떤 마녀들은 분점이나 지점, 혹은 그 중에서 선별한 것만 축하한다. 무엇을 축하하느냐는 마녀 개인의 선택에 달렸다. 자신의 마법을 연마하면서 어떤 계절이 자신에게 맞는지 판단하면 된다.

이번 장에서는 마녀의 계절에 대한 필수 정보는 물론이고 허브와 크리스탈 같은 물건, 색깔과 마법 작업 같은 마법 활동에 대해 다룰 것이다. 계절의 에너지로 마법의 힘을 강화할 때 활용하면 좋은 것들이다. 계절에 맞는 색상의 옷감으로 제단을 치장한다든가 계절에 맞는 허브와 향을 켜 두면 계절의 에너지를 부르는 데 도움이 될 것이다. 특히 제단을 계절에 맞게끔 꾸미면 에너지를 흐르게 하고 정체된 에너지를 비우기에 좋은데, 이것은 마법을 강화하는 또 다른 방식이다.

계절에 맞다고 해서 무조건 사용할 필요는 없다. 모든 마녀들이 동일한 방법을 쓰는 것도 아니다. 자신의 마법 작업에 가장 맞다고 생각되는 계절의 에너지를 선택하면 된다.

더불어 각각의 계절을 축하하는 방법도 소개할 것이다. 원하는 방식을 스스로 고안해도 좋지만, 제단을 조금만 바꾸어도 계절을 기념하고 축하할 수 있다. 그렇게만 해도 충분하다. 마녀의 계절을 어떻게 축하하느냐는 각자에게 달렸다.

삼하인(Samhain)

- 다른 이름: 만성절, 할로윈
- 시기: 북반구의 10월 31일, 남반구의 5월 1일
- 축하 대상: 선조, 영혼, 세상을 뜬 사람들
- 에너지: 죽음, 재탄생, 지혜, 밤의 정수, 의사소통, 해소, 귀환
- 최적의 마법: 심령 능력과 방어력을 강화하는 스타아니스 인센스

삼하인은 가장 널리 알려진 마녀의 계절로 할로윈과 시기가 겹친다. 이때는 일반인들도 나와 마법의 세상에서 활동한다. 삼하인의 목적은 죽음과 재탄생의 자연 주기를 축하하는 것이다. 삼하인은 '여름의 끝'

이라는 뜻의 게일어에서 왔는데, 더 어두운 쪽으로 넘어가는 태양력의 시점을 표시한다. 삼하인이 오면 우리는 망자와 선조, 영혼들을 축하하고 기린다. 우리는 그들의 영역과 우리의 영역을 가르는 얇디얇은 베일을 사이에 두고 그들과 아주 쉽게 소통한다.

• 마법 활동

|마법 작업|

망자와의 교류, 방어, 촛불 마법, 지나간 삶, 선조, 심령 능력, 나쁜 습관 버리기, 추방, 자아, 언크로싱(저주 풀기)

|제단 꾸미기|

상징물: 호박, 호박등, 사과, 옥수수, 호리병박, 떨어진 꽃잎, 말린 잎사귀, 까마귀, 유령, 거미줄, 빗자루, 솥, 뼈다귀, 등불, 양초, 달
색상: 검은색, 주황색, 빨간색, 흰색, 황금색
허브와 식물: 쑥, 마늘, 로즈메리, 캣닙, 쐐기풀, 월계수 잎, 메리골드, 운향풀
향: 유향, 몰약, 코팔, 샌들우드, 호박(amber), 약쑥, 쑥, 파촐리
크리스탈과 보석: 흑요석, 혈석(bloodstone), 적철석(hematite), 오닉스, 연수정(smoky quartz), 홍옥수(carnelian), 흑옥

|축하법|

망자를 기린다: 특별한 제단을 마련하고 세상을 떠난 분들을 기린다. 세상을 떠난 분들이 생전에 지녔거나 그들과 관련이 있는 음식

과 술, 사진 등을 제단 위에 놓는다. 어떤 마녀들은 찾아올지 모르는 영혼들을 위해 음식 같은 봉헌물을 문밖에 내놓기도 한다. 촛불을 켜서 문밖이나 창밖에 놓아 두면 세상을 뜬 사랑하는 이들을 집으로 초대하게 될 것이다.

조용히 식사한다: '조용한 식사(Silent Supper)' 혹은 '벙어리 식사(Dumb Supper)'는 전세계적인 전통으로 자리 잡은 삼하인 행사다. 조용히 먹고 마실 수 있는 음식을 준비해 대화를 삼가고 조용히 식사하면서 망자를 기린다. 소리 내지 않고 설거지를 하는 것도 못지않게 중요하다. 내가 알기로, 조용한 식사는 대개 망자를 위한 상차림 방법과 식사를 마치는 방법까지도 포함한다. 성스러운 식사인 만큼 촛불을 켜고 평화로운 분위기를 조성한다.

율(Yule)

- 다른 이름: 율타이드, 동지
- 시기: 북반구의 12월 20~23일, 남반구의 6월 20~23일
- 축하 내용: 태양의 시작
- 에너지: 반성, 재탄생, 변신, 창조
- 최적의 마법: 캣닙 치유 마법

동지는 연중 밤이 가장 긴 날로, 태양이 시작되고 한겨울의 어둠이 봄과 여름의 빛으로 변하기 시작하는 것을 전세계인이 축하하는 날이다. 다가오는 빛을 영적으로 깊이 숙고하는 시간이다.

- 마법 활동

  마법 작업

  자기 개발, 자기애, 치유, 반성, 속박(타인의 행동을 제한하기)

  제단 꾸미기

  상징물: 율 통나무, 장식된 나무, 겨우살이, 포인세티아, 솔방울, 양초, 상록수, 호랑가시나무, 화관, 종, 불빛, 천사, 담쟁이
  색상: 황금색, 은색, 빨간색, 초록색
  허브와 식물: 밀크시슬, 상록수, 홀리 바질, 호랑가시나무, 로즈메리, 겨우살이, 오크, 백향목, 포인세티아, 담쟁이, 향나무, 시나몬, 아마릴리스, 레몬 밤
  향: 소나무, 백향목, 향나무, 로즈메리, 소귀나무(bayberry), 시나몬, 유향, 자작나무
  크리스탈과 보석: 루비, 다이아몬드, 에메랄드, 가넷, 수정, 투석고(selenite)

  축하법

  동지 걷기: 연중 이맘때 나는 자연 속에 있는 걸 좋아한다. 나의 아이들과 함께하면 더욱 즐겁다. 우리는 숲이나 산으로 가서 손에 등불을 들고 걷는다. 거닐면서 제단과 율 장식에 쓸 자연의 작은 보석들을 모은다. 나이든 나무들을 안아주고, 배고플지 모르는 작은 동물들에게 먹이를 준다. 그러고 나서 함께 앉아 지구 어머니의 존재 안에서 코코아 다른 차를 마신다.

촛불 켜기: 촛불 켜기는 내가 선조들에게서 물려받은 단체 의식이다. 우선 둥그렇게 모여 서서 큰 그릇 하나를 가운데 놓는다. 각자 한 해 동안 이루고 싶은 가장 중요한 일을 월계수 잎에 쓴다. 촛불을 하나 켠 다음 월계수 잎을 그릇 안에 넣고 시나몬 가루를 조금 뿌린다. 모든 촛불을 그릇 주변에 늘어놓고 끝까지 타게 둔다. 촛불이 다 타면 월계수 쪽지를 꺼내 흙 속에 묻는다.

임볼크(Imbolc)

- 다른 이름: 캔들마스
- 시기: 북반구의 2월 1~2일, 남반구의 7월 31일~8월 1일
- 축하 내용: 정화, 다가오는 봄
- 에너지: 구상, 재건, 헌신, 계획, 소망, 목적
- 최적의 마법: 새로운 시작을 위한 송이풀(wood betony) 풋오일

임볼크 축제는 정화와 다가오는 봄, 깨어나는 지구의 여신을 축하한다. 씨 뿌리는 철을 앞둔 시기로 잡동사니를 처리하고 정돈하는 때이며 신성한 공간과 제단, 도구를 정화하고 축복하는 시기다.

- 마법 활동

  마법 작업

  성장, 청소, 정화, 실현

제단 꾸미기

상징물: 흰 꽃, 흰 촛불, 브리지드 십자가, 화분에 심은 구근
색상: 흰색, 빨간색, 초록색, 갈색
허브와 식물: 안젤리카, 바질, 월계수, 월계수 잎, 토끼풀, 쑥국화, 버드나무, 민들레, 카모마일, 애기똥풀(celandine), 헤더, 모든 흰 꽃
향: 바질, 로즈메리, 몰약, 유향, 바닐라
크리스탈과 식물: 자수정, 가넷, 오닉스, 문스톤, 터키석

축하법

봄맞이 청소: 임볼크는 정화의 시기다. 우리는 집을 청소하고 창문을 열고 식물을 돌본다. 그리고 차임벨을 매달고 흰 꽃을 내건다. 많은 임볼크 축제들이 촛불과 직물 장식으로 브리지드 여신**을 기린다. 임볼크 의식에는 축하연이 포함되지 않으니 집 안과 영혼에 비치는 빛을 즐기는 시간으로 삼는다.

** 브리지드 여신: 켈트족의 대표적인 여신으로 치료사이며, 시인, 대장장이의 주인이다. 영감의 여신이고 다산을 상징한다.(편집자주)

목표 세우기: 현명한 마녀는 계획을 세울 줄 안다. 마녀 수첩을 펼치고 다가오는 한 해 동안 하고 싶거나 성취하고 싶은 것들의 목록을 작성한다. 가장 중요한 것부터 각각의 목표를 어떻게 공략할지 계획을 세운다.

오스타라(Ostara)

- 다른 이름: 춘분

- 시기: 북반구의 3월 19~22일, 남반구의 9월 20~23일
- 축하 대상: 봄의 시작, 새로운 생명, 재탄생, 사랑, 다산
- 에너지: 탄생, 사랑, 성애, 다산, 시작, 힘, 강인함, 완성
- 최적의 마법: 밀 편지 소원 마법

많은 사람들이 부활절로 널리 알려진 오스타라를 기념하고 있다. 오스타라는 봄의 시작과 새로운 생명, 재탄생, 사랑, 다산의 시작을 축하한다. 오스타라가 오면, 균형을 벗어나 변화하는 것들, 우리의 땅을 다시 찾는 것들이 눈에 띈다.

- 활동과 행사

| 마법 활동 |

풍요, 성취, 균형, 당신을 섬기지 않는 것들 제거하기.

| 제단 꾸미기 |

상징물: 봄꽃, 그린맨(매년 봄 재탄생을 상징한다고 알려진 숲의 정령—옮긴이), 요정, 나비
색상: 파스텔색, 노란색, 주황색, 라벤더색, 초록색
허브와 다른 식물: 안젤리카, 바질, 월계수 잎, 토끼풀, 쑥국화, 버드나무, 민들레, 갈란투스, 크로커스, 연령초, 헤더, 붓꽃, 장미
향: 재스민, 로즈메리, 장미, 라벤더, 일랑일랑, 코팔
크리스탈과 보석: 자수정, 장미 수정, 아쿠아마린, 문스톤, 터키석

> 축하법

소망을 담은 씨앗을 심는다: 씨앗을 흙에 심으면서 이루고 싶은 소망을 속삭인다.

소망을 담은 달걀 초콜릿: 각각의 포도알에 소망을 담아 12알의 포도알을 먹는 새해 전날의 풍습과 비슷하다. 달걀 모양의 작은 초콜릿 12개를 모은 다음 잠시 명상하다가 소원을 빌며 초콜릿 하나씩 먹는다. 그럼 끝이다!

벨테인(Beltane)

- 다른 이름: 오월제
- 시기: 북반구의 4월 30~5월 1일, 남반구의 10월 31일
- 축하 대상: 성애, 희생, 재탄생, 여신과 남신의 결합
- 에너지: 남성성, 여성성
- 최적의 마법: 사랑을 끌어당기는 시나몬 향주머니

벨테인은 남신과 여신의 결합을 축하하는 열정적인 성애의 날이다. 이 날에는 많은 축하연이 열리지만, 믿을 수 있는 모임 내에서 은밀히 이루어지기 때문에 공개적으로 접하기는 어렵다. 벨테인은 연인들이 청혼하고 다시 서약하는 것으로 유명한 시기다.

- 마법 활동

> 마법 활동

이 날은 모든 마법이 강력하다. 여성성과 남성성의 정수를 모두 간직한 에너지들이 치솟기 때문이다.

제단 꾸미기

상징물: 꽃, 화관, 화환, 빨간색이나 분홍색 양초
색상: 초록색, 파란색, 분홍색, 보라색, 빨간색
허브와 식물: 약쑥, 금작화, 딱총나무 꽃, 디기탈리스, 산사나무, 캣닙, 메리골드, 쑥, 앵초, 타임, 음양곽, 아슈와간다
향: 장미, 향나무, 정향, 베르가못, 제비꽃, 바닐라
크리스탈과 보석: 장미 수정, 레드 아벤추린, 사파이어, 감람석(peridot), 호박(amber)

축하법

모닥불: 벨테인은 붙잡고 있던 것들을 떠나 보내고 있는 그대로가 되는 시간이다. 모닥불을 피워 놓고 모닥불을 뛰어넘으며 춤을 춘다. 소리 내어 크게, 속 시원히 웃어 제친다. 오월제 기둥이 있고 함께할 친구들과 리더를 찾을 수 있다면, 오월제 기둥 주위를 돌면서 춤을 추면 상낭히 즐겁다.

집에서 쉬기: 그냥 사랑하는 사람과 집에서 조용히 시간을 보내고 싶다면? 그렇다면 집에서 함께 요리를 하거나 뭔가를 만들거나 서로의 머리에 꽃을 꽂아 주면서 벨테인을 축하해 보자. 홀가분한 마음으로 농담하고 장난도 치면서 즐거운 시간을 보낸다.

리타(Litha)

- 다른 이름: 하지
- 시기: 북반구의 6월 20~23일, 남반구의 12월 20~23일
- 축하 대상: 정력, 성장, 성공
- 에너지: 성장, 치유, 사랑
- 최적의 마법: 계획 달성을 위한 생강 뿌리 목욕 마법

리타는 연중 낮이 가장 긴 날이다. 태양의 남신이 최고조에 달한 남성성을 갖고 태양의 여신이 아이를 갖는 날이다. 농작물이 무럭무럭 자라고 지구가 비옥하고 만족스러워지는 때이다.

- 마법 활동

마법 활동

자연의 영령들과 의사소통 하기, 사랑, 보호, 치유, 부

제단 꾸미기

상징물: 태양, 노란색 양초, 꽃(특히 장미꽃과 해바라기 꽃), 강가의 돌, 조개껍데기, 모래, 최근에 떠온 강물이나 바닷물
색상: 초록색, 노란색, 황금색, 빨간색
허브와 식물: 쐐기풀, 마편초(vervain), 라벤더, 타임, 고사리, 서양톱풀, 금사매, 오크, 펜넬
향: 샌들우드, 유향, 몰약, 팔로산토, 호박(amber), 코팔, 야생 세이지, 사향

크리스탈과 보석: 에메랄드, 비취, 황금, 일장석(sunstone)

> 축하법

모임 갖기: 친구들과 자연으로 나가서 모임을 갖는다. 모여서 드럼과 타악기를 즐겨도 좋다. 도시락을 먹으면서 지구 어머니의 아름다움을 만끽한다. 그 동안 태양은 황홀한 햇살로 우리를 축복한다.

라마스(Lammas)

- 다른 이름: 루나사
- 시기: 북반부의 8월 1일, 남반구의 2월 2일
- 축하 대상: 첫 수확, 풍요
- 에너지: 풍요, 부, 성공, 감사
- 최적의 마법: 알파파 사과 마법

라마스가 되면 우리는 밀과 보리, 호밀, 귀리, 기장을 추수하고, 연중 첫 번째 수확을 축하한다. 함께 모여서 넉넉히 거둔 수확물 덕분에 다음해까지 살아갈 수 있음에 감사한다.

- 마법 활동

> 마법 작업

풍요, 번영, 성공, 부, 금전, 행운, 변신

> 제단 꾸미기

상징물: 빵이 든 바구니. 노란색이나 빨간색, 혹은 주황색 꽃들이 든 솥. 옥수수. 신선한 허브. 매다는 말린 허브 다발. 밀 이삭이나 보리, 혹은 호밀

색상: 주황색, 노란색, 초록색, 갈색, 황동색

허브와 식물: 밀, 보리, 귀리, 호밀, 기장, 옥수숫대, 해바라기, 금잔화, 민트, 오크, 접시꽃, 조팝나무

향: 유칼립투스, 장미, 로즈힙, 로즈메리, 레몬 밤, 잇꽃(safflower)

크리스탈과 보석: 에메랄드, 홍옥수(carnelian), 황수정, 캐츠아이

> 축하법

옥수수 인형 만들기: 추수를 대표하는 옥수수 인형을 만들어 곡식의 여신을 기린다. 감사하는 마음을 담아 인형을 만든다. 많은 사람들이 이 인형에 옷을 입히고 이름을 지어준 다음 이듬해 봄이 올 때까지 인형을 보관하다가 봄이 오면 인형을 새 옥수수와 함께 심어 지구로 돌려보낸다.

빵 굽기: 나는 빵 굽기에서 치료와 마법의 효과를 모두 얻고 있다. 생각보다 그리 어렵지도 않다. 갓 딴 허브를 추가할 수도 있기 때문에 곡식을 활용하는 것은 라마스를 기념하는 이상적인 방법이다. 나는 로즈메리와 타임을 추가한다.

마본(Mabon)

• 다른 이름: 추분

- 시기: 북반구의 9월 20~23일, 남반구의 3월 20~23일
- 축하 대상: 두 번째 수확, 노년, 죽음, 영적 세상
- 에너지: 반성, 성찰
- 최적의 마법: 직관을 높이는 레몬그라스 세안

낮이 짧아지기 시작하면 우리는 겨울맞이를 하면서 두 번째 수확과 계절이 바뀌는 것을 기리는 마본을 축하한다. 늙음과 죽음의 순환, 영적 세상의 순환과 더불어, 숲의 신 그린맨과 어머니에서 할머니로 변해가는 노년의 여신을 모두 기린다.

- 마법 활동

> 마법 활동

번영, 보호, 균형, 수용, 추모, 예견

> 제단 꾸미기

상징물: 솔방울, 도토리, 옥수수, 사과, 동물의 뿔, 담쟁이덩굴, 개양귀비, 화관, 밀 이삭, 화환, 방울, 모든 가을꽃
색상: 빨간색, 적갈색, 주황색, 갈색, 황금색
허브와 식물: 허니서클, 메리골드, 박주가리, 백향목, 소나무, 오크, 도토리, 안식향, 고사리, 몰약, 담뱃잎, 엉겅퀴.
향: 안식향, 시나몬, 몰약, 향모(sweetgrass), 오크모스, 파촐리
크리스탈과 보석: 황마노(yellow agate), 라피스 라줄리, 홍옥수(carnelian), 사파이어

> 축하법

준비하기: 미리 계획을 세우고, 다가올 추운 날들을 위한 마법이나 팅크, 마법 작업에 쓸 허브와 꽃을 따서 말린다. 마녀들이여, 저장을 위한 시간이 왔다!

가을 즐기기: 마녀들은 가을이 선사하는 모든 것들을 탐닉하라는 내면의 부름을 항상 느낀다. 잎을 모으고, 호박을 따고, 따스하고 영혼에 위안을 주는 것이면 뭐든 먹고 마시고 싶다. 나무에게 축하주를 권하고 세상을 떠난 망자들이 묻힌 곳을 장식한다. 치료제와 지혜를 내어주는 꽃들과 고목들에게 감사하는 것도 잊지 않는다.

마녀의 계절을 어떻게 축하하고 그들의 활동과 행사를 어떻게 활용할지는 당신에게 달렸다. 창조력을 발휘하고 즐겨라. 가장 중요한 것은 4원소, 그리고 지구 어머니와 연결되는 것이다. 당신은 자연과 함께 가는 것이 아니라 자연 그 자체다.

PART THREE

Practical Magick

생활 속의 마법

Connecting with Your Inner Witch

마녀의 수첩

지금도 정말 고맙게 생각하는 어린 시절의 선물이 있다. 7살 때 내 어머니가 주신 수첩인데, 파란 표지에 디즈니 영화의 인어 공주가 그려진 것이었다. (표지가 마음에 들지 않았지만 내색하지는 않았다.) 나는 그걸 받고 얼른 내 방으로 달려가서 옷장 안의 은신처에 틀어박혔다. 옷장 안에 손전등을 켜두고는 수첩을 펼쳐 들고 가만히 그것을 바라보았다. 그림 말고는 생각나는 게 없어서 수첩에 별 몇 개와 커다란 달을 하나 그렸다. 그리고 내가 사는 곳과 길 맞은편의 공동묘지를 그린 다음 유령들 몇 개 추가했다. 그린 것들을 물끄러미 보고 있자니까 왠지 달님 옆에 '보름달'이라고 적어야 할 것 같았다. 그래서 모든 그림에 일일이 이름을 붙였다. 별들 옆에 '별', 구름 옆에 '구름'이라고.
내가 그린 그림에 이름을 붙인 것은 그때가 처음이었는데, 문득 어머니가 글을 적곤 하는 크고 낡은 공책이 생각났다. 어머니가 허락하지 않아 만져 보지도 못한 것이었다. 나는 그걸 훔쳐보고 싶어 부엌으로 달려갔다. 어머니가 쳐다보지 않을 때 살짝 그것을 들여다보았더니…… 와! 놀랍게도 거기에는 이름이 붙은 그림과 글이 가득했다. 어머니는 내 쪽을 돌아보지도 않고 말했다. (우리 어머니는 뒤통수에도 눈이 달렸던 게 분명하다.) "보는 건 괜찮지만 건드리지는 말아라. 베끼지도 말고. 네 것을 스스로 만들도록 해." 왜 채소와 식물을 잔뜩 그렸냐고 내가 묻자 어머니가 대답했다. "내게 말을 거는 것들과 나눈 이야기를 기록하는 게 좋으니까." 나는 어머니를 쳐다보며 생각했다. '셀러리랑 말을 한다고? 셀러리가 무슨 할 말이 있지?'
그때부터 나는 내 수첩에 내 비밀과 생각을 모두 적고 벌과 나비, 나무, 영혼 등 이야기를 나눈 것들을 모두 그렸다. 그리고 발견한 것들, 좋아하는 것들, 특히 내게 말을 거는 것들을 닥치는 대로 기록했다. 그 커다란 수첩이 어떤 쓸모가 있을지 알 것 같았다. 그때부터 지금까지 나는 마녀의 수첩이라고 부르는 것을 가지고 있다.

A Book of Shadows and a Grimoire

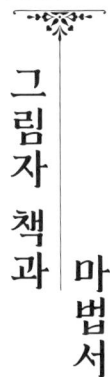

그림자 책과 마법서

많은 마녀들이 마법서와 그림자 책을 가지고 있다. 마법서는 마녀가 자신의 마법과 마법 포션, 마법 도구, 그리고 각각의 마법에 가장 좋은 크리스탈과 양초, 허브, 식물을 적어 놓은 참고서라고 할 수 있다. 말하자면 스스로 연구하고 발견한 내용을 기록한 것인데, 모은 정보를 찾아보고 싶을 때마다 꺼내 드는 책이다.

한편, 그림자 책은 마녀의 수첩에 더 가깝다. 마녀들은 마법을 활용한 경험과 그 결과, 꾼 꿈과 꿈의 의미, 그 밖의 마법적 사건들을 수첩에 기록한다.

그림자 책과 마법서 모두 마녀의 내면에 있는 힘과 에너지를 드러내고 증폭시킨다. 그림자 책이나 마법서를 이렇게 저렇게 쓰라는 지시를 누구에게도 받아서는 안 된다. 옳은 방법과 틀린 방법이 따로 있는 게 아니다. 그저 가장 맞는 것을 선택하면 된다. 그림자 책과 마법서를 모두 쓸 필요도 없다. 두 가지 모두 필요하다고 해도 굳이 따로 작성하지 않아도 된다. 그림자 책을 쓰고 있다면 연구한 것을 거기에 추가하면 된다. 나는 두 책이 통합된 것을 마녀 수첩이라고 부르고, 어디를 가든 항상 가지고 다닌다. 크고 견고한 공책을 쓰는데, 필요하면 새 공책을 추가한다. 어떤 마녀들은 종이를 추가하거나 제거할 수 있는 스프링 바인더를 선호하기도 한다.

어떻게 기록하든, 그것이 그림자 책이든 마법서든 마녀 수첩이든 모두 신성한 책이며 사랑과 정성과 존중으로 대해야 한다는 걸 명심해야 한다. 당신의 허락 없이 누가 그걸 읽거나 건드리게 해선 안 된다. 감춰 두고 보호해야 한다.

그림자 책, 마법서, 마녀 수첩을 축복하는 의식

그림자 책이든 마법서든 마녀 수첩이든 쓰기 전에
반드시 그것을 축복해야 한다. 그래야 그것을 보호할 수 있다.
책을 먼저 만들었는데 아직 축복하지 않았다면 축복하면 된다.

준비물

말린 허브
** 바질이나 운향풀
혹은 향
** 코팔이나 유향
그림자 책, 마법서, 혹은 마녀 수첩
책보다 조금 더 큰 손수건 1장
흰 양초 1개
작은 그릇에 담긴 소금

사용법

· 부정적인 에너지로부터 자유로운 신성한 공간을 마련한다.
  그 공간 아무 데나 조용히 앉는다.
  허브 혹은 허브 진액(resin)을 태우거나 향을 켜서 차분한
  에너지나 당신이 원하는 에너지를 높인다.

· 정면에 놓아 둔 손수건 위에 책을 올려놓는다.
  앞표지가 위로 올라오게, 길이가 짧은 면이 당신과 가깝게
  놓는다. 촛불을 켜서 책의 오른쪽에 놓는다. 소금 그릇은 책의
  왼쪽에 놓는다.

· 이제 당신에게 집중한다. 2부에서 말한 명상법을 써서
  몸을 차분히 가라앉히고 마음을 비운다. 준비가 끝나면
  눈을 뜨고 소금을 조금 집는다. 소금을 책 위에 뿌리면서 소리
  내어 말하거나 머릿속으로 생각한다. "나의 신성한 책이여,
  이제 그대는 정화되었다. 그대의 순수함과 빛은 간직되리라."
  비슷하게 바꿔 말해도 좋다.
  이제 책을 뒤집어 같은 과정을 반복한다.

· 이제 오른손 손바닥을 촛불 위에 댄다.
  화상을 입을 수 있으니 너무 가깝지 않게, 열기가 느껴지는
  정도의 위치에 댄다. 눈을 감고 10초 동안 손을 대고 있다.
  이제 왼손으로 책을 집어 들고 오른손 손바닥을 책 위에 댄다.
  손바닥에서부터 온기와 에너지가 책 속으로 스며들어 책을
  빛으로 가득 채우는 것을 상상한다.

· 준비가 되면 말한다. "이 책 안에는 영혼과 마법이 산다.
  선택된 자 말고는 아무도 이 신성한 페이지 안으로 들어갈
  수 없다. 이 마법의 힘이 이 책을 보호하리라. 이 마법은 내
  가슴에서 만들어져 내 혀를 통해 나온 것이다.

내가 내 마법을 주고 내 손으로 봉인했으니

마법에 걸린 내 책은 아무런 해도 입지 않을 것이다."

다시 말하지만, 이 표현은 그저 예시에 불과하다.

그림자 책이나 마법서에 무엇을 써야 할까

그림자 책이나 마법서에 쓸 내용은 전적으로 당신에게 달렸지만, 대부분의 마녀들이 다루는 몇 가지 주제가 있다.

마법 활동

마법 활동에 관한 정보는 책에 넣어야 할 가장 중요한 내용에 속한다. 허브와 허브의 사용법, 크리스탈과 보석, 색상, 혹은 달의 모양이 이에 해당한다.

마법 레시피와 도구

나는 직접 고안한 마법 레시피를 빠짐없이 적어 둔다. 내 책을 처음 쓰기 시작했을 때는 다른 책에서 발견한 레시피를 적곤 했지만, 이제는 나의 레시피를 적고 있다. 마법 포션, 마법 기술, 에센셜 오일, 치료제, 마법 작업에 대한 레시피를 적되 직접 훈련해 보고 직접 효과를 본 것들만 기록해야 한다. 나는 마법 레시피를 내 책에 적고 나서 실제 효과가 없는 것은 지우면서 기록하는 것도 좋아한다. 그리고 그것이 효과를 발휘할 때까지 내용을 계속 수정한다. 마법이 어린 요리 비법, 특히 특정한 마법 축제를 축하하는 요리법도 포함시킨다. 마법 작업에 쓰는 도구들을 연구한 내용도 기록하면 좋다.

계절과 달

달의 모양과 그것의 의미, 에너지, 각각의 모양에 적합한 마법을 찾아볼 수 있으면 아주 유용하다. 마녀의 계절에 관한 글이라든가, 중요한 점성학적 사건도 포함하면 좋을 것이다. 각각의 계절에 맞는 마법, 의식, 마법의 기술 들을 적어 둔다.

사적인 글

마법을 연구한 내용 말고 아주 사사로운 글을 말한다. 꽃, 깃털, 그림, 인용구 등등 당신이 아끼고 사랑하는 것, 당신에게 말을 거는 것이면 무엇이든 괜찮다. 풀이나 테이프, 스테이플러로 물건들을 당신의 책에 고정시키고 그것을 선택한 이유를 덧붙인다. 사사로울수록 기운은 더욱 좋을 것이다.

징조와 메시지

나는 주변의 메시지와 징조를 아주 민감하게 포착하고 모두 기록한다. 해법이나 확신이 필요해 고민할 때면 깃털이 앞으로 훨훨 날아와 내 코를 건드리곤 하는데, 나는 이것을 어떤 징조로 받아들인다. 그러면 명상을 하다가 안내자들과 선조들을 통해 그 의미를 찾아내 내 책에 적는다. 영혼들이나 선조들과 하는 소통을 꼬박꼬박 기록하는 습관을 들여야 한다. 어떤 사건이 어떤 면에서 당신에게 의미가 있었는지 기록하는 것은 정말 중요하다. 징조와 메시지는 모두에게 똑같지 않기 때문이다. 기록을 하면 당신의 책이 옆에 없을 때 기억을 떠올리기에도 좋다.

제단 만들기

마녀라면 누구나 성스러운 장소가 필요하다. 신이나 선조, 혹은 좋아하는 대상을 섬기고 마법을 훈련하는 제단이 있어야 한다. 이곳은 성찰하고, 감사를 표하고, 재충전하고, 집중하고, 자아를 회복하기 위한 장소이기도 하다.

당신만의 장소

제단을 만든 사람이 특별하듯 제단도 특별해야 한다. 화려할 필요도 없고 값비싼 도구가 있어야 하는 것도 아니다. 양초나 당신에게 의미가 있는 작은 장신구 하나만 있어도 충분하다. 당신에게 무엇이 가장 중요한지가 핵심이다.

제단을 만들기 위해서는 그것의 위치부터 정해야 한다. 당신도 당신의 제단도 방해받지 않는다면(물론 사용할 수 있는 공간이 어디냐에 따라 다르겠지만) 말 그대로 아무 데나 괜찮다. 다른 사람들과 같이 산다면 커튼 같은 것으로 분리시켜도 좋을 것이다. 나는 어릴 때 네 자매와 함께 살았는데, 어머니는 옷장 안에 제단을 만들어 외부로부터 차단시켰다. 대학 시절 나는 침대 밑의 여행 가방 안에 제단을 차려 두고 원할 때마다 꺼내 썼다. 그리고 항상 정돈하고 정성스럽게 싸서 다시 치우곤 했다. (마법을 혼자 간직하고자 한다면 이것은 좋은 방법이다.) 판을 깔거나 작은 탁자를 놓을 공간을 찾아도 좋다. 서랍장 위나 캐비닛 안의 빈 공간도 괜찮다.

내가 최근에 만난 어느 어머니와 딸은 그들의 집 다락방을 성스러운 공간으로 꾸몄다. 참으로 멋지지 않은가? 아홉 살 난 내 아들은 자기 방 서랍장 위 어항 앞에 제단을 만들었고, 내 친구는 집 밖 정원에 둘러싸인 나무 옆에 제단을 만들었다. 당신에게 가장 적합한 곳을 찾으면 된다. 그리고 성스러운 장소의 위치는 고정된 게 아니라는 걸 기억해야 한다. 위치는 원하면 언제든 바뀔 수 있다.

제단에 무엇을 놓아야 할까

제단이나 성스러운 장소에 가장 의미가 있는 것을 놓아도 좋겠지만, 제단에 놓으면 좋을 만한 것들을 몇 가지 추천해 보겠다.

- 그림과 이미지: 문화와 관습을 따라 당신과 관련이 있거나 의미가 깊은 신, 성인, 멘토, 선조의 사진이나 그림, 조각상을 놓으면 좋을 것이다.
- 사적으로 의미 있는 물건: 당신에게 의미가 있는 것들을 추가하는

것이 중요하다. 물려받은 보석 한 점, 선조 중 한 분이 소유했던 물건, 안내자가 필요할 때 다가온 깃털, 크리스탈, 보석, 조개껍데기도 좋다. 당신의 종교를 상징하는 것도 포함된다.

- 촛불, 연기, 향기: 제단 위에 촛불을 켜 두거나 향, 에센셜 오일, 허브를 태우는 것은 흔한 광경이다. 나는 개인적으로 4원소가 모두 제단에 있는 것을 좋아하는데, 특정한 날 거기서 무얼 하느냐에 따라 4원소의 에너지를 조절하기 위해 물건들을 추가하거나 뺀다. 그리고 계절에 어울리는 향기를 즐겨 쓴다.
- 계절에 맞는 장식: 나는 계절에 맞게 제단을 꾸민다. 그 계절의 에너지를 활용하고 마법 작업의 효과를 높이는 데 도움이 된다. 예를 들어, 율의 시기에는 양초 색깔이나 허브를 태우는 그릇의 색깔을 빨간색이나 초록색으로 선택해 제단에 빨간색과 초록색을 추가한다. 솔방울을 모아 두거나 눈을 녹여 만든 물을 두어도 좋다.
- 집중력을 높이는 것들: 나는 성스러운 장소에 식물, 꽃, 내 마녀 수첩, 시처럼 집중력을 높이는 것들을 둔다. 좋아하는 그림과 사진을 걸어 두기도 한다. 나를 본연의 나로 데려가고 내면에 사는 영혼을 일깨우는 것이면 무엇이든 좋다.

매일 제단이나 성스러운 장소에서 최소한 10분을 보낸다. 기도하거나 명상을 한다. 그냥 정신을 집중해도 괜찮다. 항상 이곳을 깨끗하고 정돈된 상태로 유지하고, 가능하면 자주 부정적인 에너지를 몰아낸다. 뒤에서 나올 직관을 높이는 레몬그라스 세정제는 효과가 만점이다.

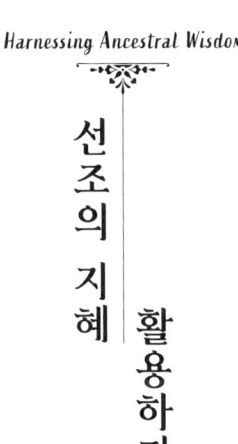

Harnessing Ancestral Wisdom

선조의 지혜 활용하기

선조들은 우리에게 훌륭한 해결책과 지혜와 교훈을 주고 우리를 보호하며 치유하고 성장시킨다. 선조들과 연결되면 자아는 물론 더 큰 영성을 이해할 수 있다. 이러한 이유만으로도 선조와의 연대는 중요할 수밖에 없다.

아마도 가장 친숙한 선조는 과거에 육신을 형태를 띠고 인간의 삶을 경험한 분들일 것이다. 하지만 땅과 연대하여 땅을 지켜보고 보살피는 땅의 선조들도 있다. 특히 선조들의 땅에서 계속 살아가는 사람들에게는 이 땅의 선조들이 중요하다. 그리고 영적 선조들이 있다. 전생에 여러 번 당신의 영혼과 협력했거나 현생에서 연결된 선조들을 말하는데, 이들은 천사, 여신, 남신, 인도자, 다른 행성에서 온 수호자일 수 있다. 내가 좋아하는 선조들은 우리의 산, 나무, 식물, 동물, 강, 바다, 그리고 지구 어머니다. 나는 날마다 지구 어머니와 함께 일한다.

우리는 치유자, 현명한 여성, 현명한 남성, 주술사(오늘날의 약초 전문가), 예언자, 활동가, 전사들의 후손으로, 선조들이 지구와 하나되어 살았던 이전 인생들의 복합체로부터 왔다. 우리 선조들은 자연과 동물, 별, 달, 땅, 영혼과 조화를 이루어 살아남았다. 그러므로 당신 안에는 고대의 지식이 자리하고 있다. 지금도 당신의 일부이고, 언제나 당신의 일부일 것이다. 영험한 마법이 당신과 나란히 걷고 있다.

선조의 지혜를 이용하는 가장 좋은 방법은 선조들과 직접 소통하는 것이다. 이 여정을 시작할 때 불안함을 느낄 수 있는데 얼마든지 그럴 수 있다. 언제나 그렇듯 이것 역시 훈련이 필요하다는 걸 명심하고 포기해선 안 된다. 그런데 선조들이 당신과의 소통을 열렬히 바란 나머지 당신과의 접속을 곧장 시도할 수도 있다. 괜한 짓을 하는 게 아닌가 하는 의구심이 들 수 있지만, 그런 감정들은 떠나 보내고 열린 마음으로 차분한 에너지를 초대한다. 판단하지 않고 그저 그 느낌들을 받아들이면 다가오는 메시지를 깨닫게 될 것이다. 매일, 가능한 자주 훈련한다. 혼자 하는 것이 내키지 않는다면 경험이 있는 사람에게 조언을 구한다.

선조들의 유골함

선조의 제단을 모시고 선조의 유골을 보관하는 것은 그들을 기리고 그들과 함께 일하며 그들과 연결되었음을 기억하기에 좋은 방법이다. 선조의 제단은 세상과 세상 사이에서 작동하고 많은 에너지를 포용하기 때문에 침실처럼 다른 사람을 방해할 수 있는 곳에 만들어서는 안 된다. 다른 사람, 특히 아이들이나 반려동물에게 방해 받을 만한 곳도

안 된다.

선조의 제단은 얼마든지 원하는 모습으로 꾸며도 된다. 직관을 따라 의미가 있는 것들을 추가한다. 몇 가지 추천할 만한 것들이 있다.

- 선조들의 그림 혹은 사진
- 선조들에게 물려받은 물건이나 그들과 연대감이 느껴지는 물건들
- 선조들이 알아볼 만한 신성한 물건들. 내 선조들 가운데 몇 분은 가톨릭을 믿는 마녀였기 때문에 나는 오래된 성경 한 권과 묵주 하나, 가톨릭 성인들의 이미지를 제단에 놓아 둔다. 우리 집안에는 산테리아(가톨릭교와 아프리카 종교가 혼합되어 탄생한 쿠바의 민간신앙—옮긴이)와 후두(영적 전통과 기독교, 아프리카 종교가 혼합된 북아메리카 노예들의 민간신앙), 샤머니즘을 행한 마녀들도 있었다. 나는 아프리카, 이베리아, 아메리카 원주민의 뿌리를 가진 쿠바인이라 내 선조들의 제단은 신성하면서도 알록달록한 빛깔을 띠고 다양한 방식으로 선조들을 기린다.
- 촛불, 손전등 불빛, 햇빛. 이중 어느 것으로나 제단을 밝히면 된다. 원하면 매일 제단을 밝혀도 좋지만, 선조의 생일이나 계절 축제를 기릴 때 특별히 불을 밝히는 것이 좋다.
- 당신과 관련된 물건. 거슬러 올라가면 자신의 뿌리와 연관되어 있거나 선조들이 끌어당기는 물건을 말한다. 크리스탈이나 보석, 특정한 허브, 향, 식물, 4원소, 혹은 예술품이 여기에 포함된다.

선조가 누구인지 모른다면 그냥 느낌이 시키는 대로 하면 된다. 그래

도 제단은 여전히 신성하다. 내 말을 믿으시길. 선조들이 원하는 바를 당신에게 알려줄 것이다.

자신을 보호하기

마법을 실행하기 전에, 아니 준비 단계에서 그다지 호의적이지 않은 영혼들로부터 반드시 당신을 보호해야 한다. 불행히도 모든 영혼들이 선량한 것이 아니므로 절대 그들에게 당신을 무방비 상태로 노출해서는 안 된다. 반드시 당신을 지지하고 당신에게 호의가 있는 영혼들과 연결되어야 한다.

당신의 안전을 보장하는 가장 간단한 방법들을 소개한다.

- 마법 작업을 시작하기 전과 마친 뒤에 허브 연기나 향 연기로 공간을 정화해서 부정적인 에너지나 주변에 머물던 친구들과 가족들의 에너지를 내보낸다.

- 흑요석이나 자수정, 연수정(smoky quartz)처럼 방어력을 지닌 크리스탈이나 부적을 사용한다.

- 보호하는 촛불을 켠다. 보호 작용이 있는 흰색 혹은 검은색 양초를 켠다. 양초는 사용하기 전에 반드시 영적인 정화 과정을 거친다.
  ** 바로 쓸 준비가 끝난 양초를 구매해도 좋다.

  그후에 촛불을 들고 기도문이나 보호를 요청하는 주문을 왼다.

- 누구를 초대할지 분명히 정한다. 오직 당신을 돕고 지원할 영혼들과 연대하고 소통하고 싶다는 뜻을 분명히 밝힌다.

· 당신을 둘러싼 빛의 영역을 눈앞에 떠올려서 에너지의 경계를 설정한다. 그러고 나서 당신의 성스러운 공간에 무엇을 들일 것인지 소리 내어 말하거나 머릿속으로 생각한다.

예를 들면 이렇다. "오직 선량한 자만이 이 공간에 들어오소서. 부정적인 것이나 나에게 호의적이지 않은 것은 아무것도 허락하지 않겠습니다. 악한 영혼들, 나쁜 의도를 가진 것은 그 무엇도, 그 누구도 허락하지 않습니다."

선조들과 소통하기

선조와의 소통은 다양한 방식으로 이루어진다. 직접 체험하다 보면 무엇이 당신에게 가장 맞는지 깨닫게 될 것이다.

가장 쉬운 방법은 직접 묻는 것이다. 선조들에게 말을 걸어라. 그들은 항상 거기 있으며 당신과 접속하고 싶어한다는 걸 명심하라. 그들은 당신과 유대하고 싶어한다. 그러니 그들에게 말을 거는 것이 아주 효과적이다. 선조들의 이름을 안다면 소통하고 싶은 분을 부르면 된다.

우리들 중 누구는 유달리 민감해서 선조들을 빠르게 느끼고 그들의 소리를 듣고 심지어 그들을 보기도 하지만, 대부분은 감각을 단련해야만 한다. 가장 좋은 방법은 모든 징조를 주시하고 어떤 것도 놓치지 않는 것이다. 당신의 직관에 귀를 기울이고 깨어 있어야 한다.

수련하는 데만 몇 년이 걸릴 수 있으므로 기본기부터 다지고 어려운 의식으로 차차 넘어간다. 그리고 연구하라. 선조들과 소통한 경험이 많은 사람들에게 조언을 구하고, 관련 서적과 기사도 많이 읽어야 한다. 꼭 기억해야 할 것은 이것이 하나의 여정이라는 점이다. 인내심과 열린 마음, 여유를 가진다. 그리고 많이 하고 싶으면 많이 하고 조금

하고 싶으면 조금만 한다. 보호 작업은 반드시 해야 한다. 소통해야 할 이유가 없는 영혼들과는 절대 얽히지 않도록 한다.

처음 접촉할 때

선조들과 처음 접촉하기 위해서는 훈련 과정을 거쳐야 하지만, 이제부터 설명할 간단한 방법을 통해서도 가능하다. 무엇보다 당신의 내면과 외부에 모두 집중해야 한다. 선조들이 어디에서 어떻게 소통을 원하는지 결국 알게 될 것이다.

- 주파수를 맞춘다. 선조들과 소통하기 위해서는 그들과 주파수 맞추는 법을 알아야 한다. 들리는 것이나 보이는 것, 느낌, 징조를 통해 가능하다. 항상 모든 걸 감지하고 기록해야 한다. 특히 꿈과 환상, 낮에 일어나는 독특한 일들을 기록한다.
- 명상한다. 명상과 관련된 기술은 앞서 살펴보았다. 그러니 마녀들이여, 명상을 시작하자! 다만, 여기서는 명상을 시작하기 전에 소통하고 싶다는 뜻을 선조들에게 분명히 밝혀야 한다. 소통을 위한 문구 혹은 주문을 외우거나, 주파수를 맞추는 데 도움이 되는 크리스탈이나 향, 촛불을 손에 들거나 주변에 늘어놓으면 된다.
- 귀를 기울인다. 선조들과 안내자들은 언제나 나타난다. 그들이 나타나는 방식은 당신의 관심이 어디로 향하느냐에 달렸다. 모든 영혼이 똑같지 않으며 모두가 똑같은 방식으로 소통하는 것도 아니다. 어떤 영혼은 직접적이고 어떤 영혼은 시인과 같아서 행간을 읽어야 한다. 귀로 듣거나 눈으로 보기보다는 그들의 메시지를 느껴야 한다. 선조들은 당신이 곤경에 처했을 때 오기도 하고 날마다 찾

아오기도 한다. 느낌에 집중한다. 누군가가 있다는 느낌, 어떤 존재와 함께 있다는 느낌이 들 때가 있을 것이다. 동물, 숫자의 일치, 바람결에 일어나는 갑작스런 변화, 내면에서 솟구치는 마법 에너지처럼 주의를 사로잡는 것들을 예리하게 알아채야 한다. 이런 것들에 집중할수록 감성이 강렬히 작동하면서 선조들이나 안내자들과의 소통도 원활해질 것이다.

나는 내 선조들의 지혜를 다양한 장소에서 온갖 형태로 경험해 왔다. 한번은 시간이 부족해 밤늦게까지 이 책을 쓴 적이 있다. 당시에 나는 그것 말고도 창업을 준비하고 있었고, 해야 할 인터뷰와 참석해야 할 행사도 있었으며, 내 온라인 학교도 한창 커가는 중이었다. 게다가 앞서 말했다시피 나는 두 아들을 둔(그리고 고양이 두 마리의) 엄마다. 그날 한밤중이 되자 눈은 지칠 대로 지치고 뇌는 작동을 멈추기 직전이었다. 몸이 침대로 가자고 비명을 질러 댔다. 글을 계속 쓰고 싶었지만 몸도 마음도 소진한 상태였다. 그때 내 중심부에서 뭔가가 당기는 느낌이 들었다. 나는 의자에 몸을 기대고 바로 옆에 있는 창문 밖을 내다보았다. 그런데 창밖에서, 유리창 바로 반대편에서 불빛들이 반짝거리는 게 아닌가. 금세 알았지만 그것들은 반딧불이었다. 내가 사는 곳에는 수풀이나 나무가 거의 없다. 지난 5년 동안 그 창문 옆에 숱하게 앉아 있었지만 그날처럼 창밖에서 반딧불이들이 춤추는 걸 본 적은 없다.

내 중심부를 당기는 힘은 사랑의 감정이 되어 가볍게 포옹하듯 내 온몸을 휘감았다. 그러자 어릴 때는 자연을 즐기면서 많은 시간을 보냈다는 것이 기억났다. 그때 반딧불이들은 내 영혼의 보석이자 지구의 보물이었다는 것도. 반딧불이가 다시 나타났다는 것은 어떤 메시지를 뜻했다. 지혜가 필요한 내게 지혜를 나누고자 온 것이었다.
나는 그날 내게 온 메시지의 의미를 연구하며 자료를 찾아보았다.

'이 영적 토템이 주는 메시지는 우리에게 깨어 있으라는, 복잡한 것들을 돌아보라는 지시다. 성공한 인생을 살고 싶다면 꾸준해야 한다는 뜻이다. 하지만…(중략)… 반딧불이는 열이 없어도 빛을 발하는데, 목적을 이루기 위해 몸을 불사르지 않아도 된다는 것을 상징한다.'
** 출처: www.sunsigns.org/firefly-animal-totem-symbolism-meanings/

나는 지혜가 담긴 이 말을 읽고 나서 컴퓨터를 끄고 지구 어머니가 나를 위해 존재한다는 것에 감사하며 침대로 갔다. 내가 평생 헌신하기로 한 대상, 지구 어머니가 그 메시지를 보냈다는 확신이 들었다. 지구 어머니는 항상 산과 나무, 식물, 동물, 하늘을 통해 내게 메시지를 보낸다. 지구 어머니를 당신의 선조나 안내자처럼 생각해선 안 된다. 지구 어머니는 당신과의 접속을 간절히 바라는 가장 강력한 영혼일 수 있기 때문이다. 나는 모든 마녀들이 자아와 접속하듯 지구 어머니하고도 접속해야 한다고 믿는다. 지구 어머니는 당신이 살아가는 집이자 성장하는 자궁이기도 하다.
그러니 메시지를 민감하게 감지하면서 직접 다가오는 지혜와 미묘한 징조를 알아채야 한다. 인내심을 갖고 때를 기다리면 선조들과 안내자들, 그리고 자아와 강력하고 아름다운 관계를 맺게 될 것이다.

Cleansing and Protecting

정화와 방어

내가 만나는 사람들 중에는 바람직하지 않은 에너지를 가지고 다니는 사람들이 많다. 타인의 부정적인 에너지나 나쁜 의도는 어디서든 당신에게 달라붙을 수 있다. 대중 교통 시설이나 가게, 막히는 도로 위, 식당, 심지어 소셜 미디어에서도 가능하다. 정기적으로 술집이나 클럽에 다니고 큰 행사에 참석하는가? 그렇다면 커다란 에너지 짐을 짊어지게 될 가능성이 높다.

많은 사람들이 간과하는 사실이 있다. 이 에너지가 당신의 기분과 생각과 행동에 영향을 미치고 결국엔 당신의 삶을 방해할 수 있다는 점이다. 나는 내 가게에서 많은 사람들과 접촉하고 있는데, 대부분의 사람들이 불필요한 슬픔과 우울감, 걱정, 분노, 두려움의 에너지를 짊어지고 있다. 그 사람들이 내 가게를 떠난 뒤 달갑지 않은 그들의 에너지가 물건과 상품, 식물, 심지어 내 직원들과 내 위에 머물곤 한다. 가게

전체에 맴도는 것이다! 그래서 나는 하루에도 몇 번씩 가게 안에서 정화 의식을 하고 떠나려는 손님도 정화한다. 그러면 손님들은 항상 감사의 인사를 하고, 내 가게는 성소처럼 느껴진다.

어떤 곳을 정화한 뒤에는(아래에서 소개하는 방법대로) 새롭게 생겨난 부정적인 에너지로부터 반드시 그곳을 보호해야 한다. 빠져나가 놓친 에너지가 있기 마련이므로 정기적으로 정화하는 것이 중요하다. 정화 마법과 방어 마법은 명상의 측면이 강하다. 또한 깨달음을 일으키고 내면의 감성을 강화하며 치유력이 있다고 알려져 있다. 균형을 잃었거나 집중력이 저하되었거나 영감이 부족하다는 느낌이 들면 당신을 정화해도 좋다. 다른 사람들을 정화해도 좋다. 정화 마법은 당신의 에너지를 다시 활성화하는 버튼이다.

나는 바람직하지 않은 에너지에 극도로 민감해서 그것들을 즉시 내쫓고 처리한다. 적어도 하루에 한 번은 정화 의식을 통해 그러한 에너지를 몰아낼 것을 권한다. 모든 마녀들이 이것을 마녀의 모자 안쪽에 간직하고 실천하는 지혜로 삼기 바란다.

정화하고 보호하는 방법

내가 즐겨 쓰는 간단하면서도 효과적인 정화 마법과 보호 마법은 아래와 같다.

- 어질러진 것들을 치우고 철저히 정화한다

  나는 내 집은 물론이고 어떤 공간이든 부정적인 에너지를 추방할 때 이 방법을 가장 즐겨 쓴다. 물건들을 바르게 놓고 정돈한다. 주변의 가구를 움직여도 좋다. 그러고 나서 모든 걸 아주 깨끗이 닦는다. 오래된 비누와 물로도 충분히 가능하다. 에너지는 가구와 물건, 심지어 바닥과 천장에도 들러붙는다. 가장 중요한 것은 집을 항상 말끔하게 정돈하는 것이다.

• 허브 연기로 정화한다

제거와 정화, 추방의 특성을 지닌 허브나 허브 진액, 향 연기를 피우면 당신과 당신의 공간에서 원치 않는 에너지를 제거할 수 있다. 팔로산토, 요르바 산타, 로즈메리, 샌들우드, 쑥, 기린혈(dragon's blood), 호박(amber), 백향목, 몰약, 코팔, 유향이 내가 좋아하는 것들이다. 허브나 향을 낱개로 태울 때는 내연성 접시 바닥에 원반 모양의 숯을 놓고 태우는 것이 가장 일반적이다. (원반 모양의 숯은 구매가 가능하다.) 숯에 불을 붙인 뒤 허브나 향을 숯 위에 올려 놓으면 연기가 천천히 올라온다. 작업하는 공간 안에 숯 그릇을 놔두거나 가지고 방마다 돌아다니면서 연기의 힘이 모든 곳에 미치도록 한다. 반드시 창문이나 문을 적어도 하나는 열어 두어서 원하지 않는 에너지가 그 공간을 떠나고 긍정적인 에너지는 안으로 흘러 들게 한다.

• 심령 스프레이를 사용한다

공간에 연기가 차는 것이 싫다면, 심령 룸 스프레이가 좋은 대안이 된다. (위 내용 참조) 나는 여러 가지 허브를 묶거나 허브 진액에 원하는 특성을 지닌 에센셜 오일을 뿌려 이 스프레이를 만든다. 냄새가 향기로워서 내 가게를 찾는 손님들은 그 향기를 좋아한다. 샌들우드, 라벤더, 유향, 파촐리 같은 것들의 에센셜 오일로 부정적인 에너지를 제거하는 룸 스프레이를 만들어도 좋다. 물과 알코올을 1 티스푼 섞어도 좋다. 나는 보드카를 사용한다. 그것을 미스트처럼 몸에 뿌리면 된다.

• 집 주변에 소금을 뿌린다

쉬우면서도 효과가 만점이라 나는 이 방법을 자주 이용한다. 소금을 소금 그릇이나 뚜껑이 열린 유리병에 넣어 집 안 구석진 곳이나 원하는 공간에 둔다. 가장 높은 가구나 선반 위에 올려 두기도 한다. 소금 그릇을 집 밖에 24시간 동안 내놓았다가 치우고 소금은 버린다.

소금은 자연스럽게 부정적인 에너지를 흡수하는 특성이 있으므로 소금 목욕을 하는 것도 당신을 정화하는 데 도움이 된다. 목욕물에 바다 소금이나 히말라야 소금을 두 컵 넣는다. 입자가 고운 식용 소금은 피부를 자극하므로 쓰지 않는다.

• 종을 울린다

마녀의 집에서 빠질 수 없는 게 있다면 바로 종소리나 차임벨 소리다. 종은 진동하면서 부정적인 에너지를 공간 밖으로 몰아내고 긍정적인 에너지의 흐름을 끌어내서 주변을 되살린다. 집 밖이나 문손잡이에 종이나 차임벨을 걸어 두어도 된다. 특히 침체된 에너지가 느껴진다거나 언쟁 같은 불미스런 사건이 일어난 공간이라면 날마다 핸드벨을 울린다.

- 음악을 듣는다

  기분이 좋아지고 심금을 울리는 음악은 에너지의 강한 진동을 일으켜 당신에게 달라붙은 부정적인 것들을 털어낸다. 침체된 에너지, 오래된 에너지, 부정적인 에너지를 몰아내는 데 진동이 강하고 경쾌한 음악을 특별히 추천한다.

- 창문을 연다

  마녀들이여, 커튼과 창문을 열어젖혀라! 알다시피 우리는 뱀파이어가 아니다! 빛이 들게 하라. 지구 어머니가 치유의 힘을 가져오게 하라. 산들바람을 집 안에 들여서 당신의 에너지가 계속 아름답게 흐르도록 한다.

- 식물에 의지한다

  식물은 마법의 성질을 띤다. 공기를 정화하는 힘을 지녔을 뿐 아니라 집 안을 지구 어머니의 치유력과 사랑으로 채운다. 당신의 영혼 속으로 마법의 선율을 불어넣고 부정적인 에너지를 몰아낸다. 식물은 자연이 준 보호자이다. 나는 집을 보호하고 부정적인 에너지를 정화하기 위해 집 안팎에 난초, 재스민, 무늬접란, 로즈메리, 바질, 운향풀 같은 식물을 놓아 둔다.

- 마늘로 당신을 보호한다

  마늘은 예로부터 방어하는 성질을 지녔다고 알려져 왔다. 문 바깥쪽에 마늘 묶음을 걸어 두어 부정적인 에너지와 원하지 않는 영혼들을 물리친다. 가방이나 지갑에 마늘을 한 쪽 가지고 다닌다. (반드시 은박지나 옷감에 싸도록 한다) 이것은 도둑도 쫓아준다. 나는 밤새 내 아이들이 악몽과 불길한 영혼에 시달리지 않도록 아이들의 베개 밑에 마늘을 한 쪽 넣어 둔다. 운향풀도 비슷한 효험이 있다고 알려져 있다. 운향풀을 몸에 지니고 다니거나 집 입구에 심는다.

• 크리스탈을 가까이 둔다

방어력이 있는 크리스탈을 집 안에 둔다. 가지고 다니거나 몸에 지니는 것도 방어력을 높이고 부정적인 에너지를 몰아내는 좋은 방법이다. 창턱, 커피 탁자, 선반, 문간 등 집 안 어디나 괜찮고 어느 곳 위에 올려 두어도 괜찮다. 나는 화분 속에도 심고 내 침대 밑에도 둔다. 내가 방어용으로 애용하는 크리스탈은 블랙 트루마린, 연수정(smoky quartz), 흑요석, 터키석, 래브라도라이트다.

• 에너지 방어막을 만든다

우리는 저마다 에너지 방어막을 만들 능력을 가졌다. 방법도 여러 가지고 방어막의 종류도 많지만, 내가 좋아하고 가장 쉬운 것은 방어력과 치유력을 모두 갖춘 빛의 방어막이다.

빛의 방어막을 만드는 방어 마법

나는 매일 아침 침대에서 일어나기 전 나 자신을 위해 이 방어막을 만든다. 이것은 악을 물리치고 사악한 의도가 내 에너지를 교란하지 못하게 막는다. 그리고 내 에너지의 진동을 끌어올려서 강한 치유력을 가져온다.

사용법

· 가만히 앉아 있을 만한 조용한 곳을 찾고 나서 그라운딩을
  한다. 바닥에 발을 굳건히 딛고 서서 세 번 심호흡을 한다.

· 이제 둥그렇고 밝은 흰빛이 당신의 중심, 배꼽 바로 아래에서
  고동치는 이미지를 떠올린다. 이 빛이 당신의 몸 전체로 퍼져
  나가 당신의 몸 하나하나를 채우는 것을 상상한다.
  이제 당신은 찬란하게 고동치는 흰빛이 되었다.

· 호흡할 때마다 이 빛이 밖으로 뻗어 나가 얇고 푸르스름한
  막으로 둘러싸인 구체를 형성하는 것을 상상한다.
  이것은 당신을 감싸는 1.25~1.5미터 크기의 공이고,
  발 밑 땅속으로도 뻗어 나간다.

· 공 안에 앉아 호흡을 몇 번 더 하면서 그것이 당신을 감싼 채
  진동하는 것을 느낀다. 모든 부정적인 에너지,
  나쁜 의도, 당신을 섬기지 않는 모든 것들로부터
  보호해 달라고 공에게 부탁한다.

· 마음의 준비가 되면 하루를 시작하고
  내면의 힘이 주는 혜택을 누린다.

PART FOUR

The Witch's Garden of Herbal Magick

마법의 허브가 자라는 마녀의 정원

Introduction to the Witch's Garden

마녀의 정원을 소개합니다

마녀에게 마녀의 정원은 자긍심이자 기쁨이다. 무엇보다 마법의 허브와 약초, 꽃을 키우는 곳이기도 하다. 어린 시절에 나는 어머니가 마법과 자연 치료제에 사용하는 허브에 항상 관심이 많았다. 어머니는 내게 허브가 치료의 측면에서나 마법의 측면에서 저마다 독특한 특성을 가지고 있고 지구의 에너지를 품고 있다고 설명해 주었다.

내가 마법을 다룬 것은 다섯 살 때부터다. 그 무렵 나는 악몽에 시달렸다. 밤마다 영혼들이 찾아와 나를 둘러싸거나 내 옆에 앉아 있곤 했다. 그들이 나를 해치지는 않았지만, 그들의 존재감이 어찌나 강렬한지 나는 두려움에 휩싸였다. 매일 밤 내가 깜짝 놀라 비명을 지를 때마다 어머니는 방을 정화하고 나를 진정시키고 나서 월계수 잎을 한두 개 띄운 물컵을 가져오곤 했다. 어머니가 그 물컵을 내 침대 밑에 두면 영혼들은 사라졌고 나는 곧장 잠이 들었다. 어머니는 내가 그 마법을 배워 직접 월계수 물컵을 침대 밑에 두는 게 좋겠다고 판단했고, 나는 허브 마법을 시작했다.

내면의 마법도 마법 작업의 가장 중요한 재료이지만 허브와 꽃, 뿌리, 에센셜 오일도 못지않게 중요한 재료가 된다. 이것들에 관한 정보는 얼마든지 찾을 수 있고 생김새와 마법적 특성을 익히는 것도 어렵지 않지만, 그것들과 관계를 맺는 것 역시 중요하다. 그것들 하나하나와 함께 일하면서 각각의 특정한 에너지, 향기, 맛과 관계를 맺는 시간을 갖는다. 시간을 두고 각각의 허브에 대한 내용을 마녀의 수첩에 한 페이지 이상 적고 경험담도 기록한다.

내가 이번 장에서 공유할 마법의 기술과 마법 포션, 마법 작업은 모두 허브 마법에 관한 것이며 나의 마녀의 수첩에서 발췌한 것이다. 내가 스스로 알아낸 것들, 어른들과 선조들에게 물려받은 것들, 영혼들에게 배운 것들이다. 나는 단순하면서도 강력한 것들을 좋아하는데, 사랑을 부르는 것과 마음의 상처를 치유하는 것부터 정화와 소원 달성을 위한 것들까지 다양한 범위를 아우른다. 많은 것들과 접속하고 그 경험을 당신의 수첩에 추가하기 바란다.

나는 마법의 기술을 다룰 때 '조금'과 '약간'이라는 말을 즐겨 쓴다. 이것은 내가 마법 작업에 넣고 싶은 특정한 성분을 계량하는 방식이다. '조금'은 티스푼 절반 정도의 분량이고, '약간'은 티스푼의 1/4 정도 되는 분량이다. 어떤 성분의 경우에는 테이블스푼을 쓰기도 한다. 정확한 분량을 몰라도 상관없다. 당신의 직감과 이제부터 나올 레시피를 길잡이 삼아 나아가면 된다.

Attracting Love
사랑을 부르는 마법

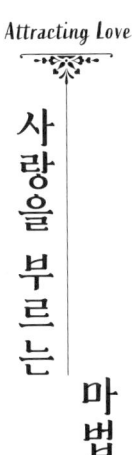

이제부터 사랑을 부르는 마법에 대해 이야기해 보려 한다. 하지만 사랑은 조종하거나 멋대로 뜯어고칠 수 있는 게 아니다. 사랑의 마법도 누군가가 당신을 사랑하게 만들거나 그 사람을 구속하려는 것이 아니다. 우주의 협조를 받아 진행 속도를 높이거나 사랑과 조화를 이루는 것에 목적이 있다.

사랑에는 종류가 많은데 사람들이 간절히 원하는 것은 아마도 연인이나 배우자, 혹은 타인에게 받는 사랑일 것이다. 물론 이것도 중요하고 아름다운 사랑이긴 하지만, 그보다 더 중요한 것은 자신을 사랑하는 것이다. 그러므로 사랑의 마법은 이 두 가지 사랑에 모두 적용될 수 있다. 자기를 마음껏 사랑하는 것에 집중하면서 더 깊은 단계의 자신과 접속해 보자.

나는 언제나 불길한 징조를 온 사랑을 다해 받아들인다. 그리고 진실하고 정직한 사랑, 관련된 사람들을 정성으로 섬길 사랑을 달라고 간청한다. 이런 마음가짐은 당신을 있는 그대로 아껴주는 진정한 친구나 연인 혹은 배우자를 불러올 것이다.

로즈메리 러브 오일

로즈메리는 사랑의 속성을 품고 있다. 로즈메리 러브 오일에는 사랑을 부르는 강력한 힘이 내재되어 있다.

준비물

뚜껑으로 밀폐가 가능한 넓적하거나 길쭉한 유리병 1개
로즈힙 오일이나 엑스트라 버진 올리브 오일
로즈메리 가지 3개

사용법

· 유리병에 오일을 채운다. 로즈메리 가지를 집어 들고 바라는 것을 소리 내어 말하거나 머릿속으로 생각하면서 로즈메리 가지에 사랑과 관련한 소망을 싣는다. 예를 들면, 가지 하나는 자신에 대한 사랑을 끌어오고, 다른 가지는 희망하는 배우자를 끌어오는 식이다. 각각의 가지에 소망을 싣고 나서 로즈메리 가지를 오일 속에 넣는다.

· 유리병을 단단히 밀폐한 뒤 직사광선이 들지 않는 서늘한 곳에 보관한다.

· 유리병을 그대로 놔두어도 오일은 마법을 부린다. 마법이 깃든 이 오일은 사랑의 마법에 쓸 양초와 크리스탈, 마법 도구에

성유로 발라도 된다. 성유를 바를 때 세 가지 소원 중 쓰고 싶은 하나를 소리 내어 말하거나 머릿속으로 생각한다.

사랑을 부르는 시나몬 향주머니

시나몬은 사랑을 끌어당기는 강력한 마법의 도구이다. 가지고 다닐 수 있는 향주머니를 만들어 보자.

준비물

아주 작은 빨간색 주머니 1 개
두 조각으로 부러뜨린 시나몬 스틱 1 개
말린 장미 꽃잎 1/2 티스푼
스타아니스 가루 1/2 티스푼
말린 바질 1/2 티스푼
작은 수정 크리스탈 1 개

사용법

· 모든 재료를 주머니에 넣는다. 주머니를 목에 걸거나 심장과 가까운 옷 주머니 안에 넣고 다닌다.
언제든 벗어버려도 좋지만 가까운 곳에 둔다.

사랑을 부르는 월계수 잎 마법

알다시피 사랑을 강요할 수는 없다.
그러므로 누군가가 나를 사랑하게 해달라는 마법을
함부로 행해서는 안 된다. 사랑을 부르는 월계수 잎 마법은 타고 있는 사랑의 불길을 키우기 위한 것이다.

자극이 필요한 관계에 사랑과 열정을 북돋는 데도 도움이 된다.

준비물

빨간색 양초 1개

로즈메리 러브 오일 같은 사랑을 부르는 오일

월계수 잎 4개

작은 내연성 그릇 1개

사용법

· 사랑을 부르는 마법 오일을 양초에 바른다. 맨위에서 아래로 쓸듯이 양초의 표면에 바른다. 이제 양초를 켜면 된다.

· 촛불 앞에 조용히 앉아서 불꽃을 가만히 응시한다.
  마음을 비우고 오로지 연인을 생각한다.

· 둘이 가장 행복했고 가장 열정을 불태웠던 순간들을
  떠올리면서 그 에너지가 지금 당신의 공간에서
  활활 타오르는 모습을 생각한다.

· 월계수 잎을 하나 들고 그것에 그 강력한 생각들을 주입한
  다음 잎을 불꽃 속에 넣었다가 불이 붙으면 즉시 그릇 안에
  떨어뜨린다. 촛불의 불꽃을 응시하는 부분부터 같은 과정을
  세 번 반복한다.

Healing a Broken Heart

마음의 상처를 치유하는 마법

마음의 상처에는 시간이 약이라지만, 무작정 시간에 기대기보다는 상처가 아물도록 노력을 기울여야 할 때도 있다. 이 마법은 내면에 존재하는 치유력을 일깨우기 위한 것으로, 마음에 입은 상처에 특히 효험이 있다.

고통을 느낀다고 해서, 슬퍼하고 가슴 아파한다고 해서 나약한 것은 아니다. 정말 상처를 입은 것도 아니다. 인생은 마음에 생채기를 내지만 당신에게는 치유의 능력이 있다. 스스로를 보살피고 자신을 가엾게 여기는 시간을 갖자. 소셜 미디어를 멀리하고 어떤 감정이든 영혼의 다락방에 숨기지 말고 감내해야 한다.

마음의 상처를 달래는 레몬 밤 차

마음의 상처를 달래는 이 레몬 밤 차는 마음을 달래고 기운을 북돋는 데 효험이 있다. 초라한 느낌이 들거나 감정을 다스리고 싶을 때 마셔도 좋다.

준비물

말린 레몬 밤 1 테이블스푼
말린 카모마일 1 테이블스푼
말린 라벤더 1 테이블스푼
생수 1 컵(250ml)

사용법

· 허브를 물에 넣고 저은 다음 물과 허브를 작은 냄비에 옮긴다.

· 물이 끓으면 약불에 5분 동안 더 끓인다.

· 차를 조금 식힌 후 거름망에 허브를 걸러내고 마신다.

마음의 상처를 달래는 장미 마법 포션

이 마법 포션은 신경을 가라앉히고 마음의 상처를 떠나 보내는 데 좋다. 특히 밤에 마음을 가라앉히고 가슴에 쌓인 스트레스와 걱정을 해소하는 데 좋아 쓰면 단잠을 잘 수 있다.

준비물

포도씨 오일이나 엑스트라 버진 올리브 오일을 3/4 정도 채운 유리병
말린 바질 약간

말린 장미 꽃잎 2 테이블스푼

장미 에센셜 오일

라벤더 에센셜 오일

장미 수정 1개

사용법

· 바질과 장미 꽃잎, 에센셜 오일을 오일이 담긴 병에 섞는다.
 장미 수정을 함께 넣고 뚜껑을 닫는다.
 혹은 뚜껑을 닫고 장미 수정을 뚜껑 위에 올려 놓는다.

· 심호흡을 세 번 한 뒤 뚜껑을 열고 병 안의 오일을 손목과
 가슴에 바른다.

마음의 상처를 달래는 위치하젤 마법

이 위치하젤 마법은 내가 마음의 상처로 고생할 때 만든
마법인데, 쓸 때마다 톡톡한 효과를 보고 있다.

준비물

종이 1장과 펜 1개

말린 위치하젤 1 테이블스푼

크리스탈 수정 1개

사용법

· 종이에 당신의 손바닥만 한 하트를 하나 그린다. 하트 안쪽에
 '치유'라고 쓴다. 하트 중앙에 위치하젤을 놓고 그 위에
 크리스탈 수정을 놓는다.

· 오른손 손바닥을 가슴 위쪽에 댄다. 가슴에 닿지 않되 당신의
에너지가 닿을 수 있을 만큼 가슴에 가깝게 댄다.
이제 눈을 감고 긴장을 푼 다음 "내 마음은 치유될 것이다.
내 마음은 나을 것이다. 사랑으로 말하노니, 내 마음은
상처받지 않았다." 라고 말하며 주문을 고정한다. 이보다 더
나은 말이 있다면 비슷한 말로 대신해도 좋다.

· 계속 손을 가슴 위에 댄 채 두 번 더 주문을 건다. 하트 그림은
원하는 곳에 보관하면 된다. 나는 내 제단에 보관한다.

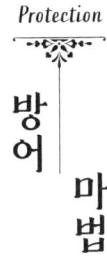

Protection
방어 마법

어떻게 하면 당신 자신과 당신의 공간을 보호할 수 있는지 알아야 한다. 많은 사람들이 자신의 에너지를 정화하지도 보호하지도 않은 채 살아가고 있다. 그래서 병이 나고, 스트레스를 받고, 피곤에 절고, 십중팔구 길을 잃는 것이다. 자기 것이 아닌 에너지, 심신과 영혼을 흔드는 에너지를 데리고 다니면 인생은 먹구름이 낀 험난한 항해로 흘러가기 쉽다. 그러니 매일 당신의 삶을 보호하고 지키는 습관을 들이도록 하자. 그러면 경이로운 변화가 시작될 것이다!

삶을 보호하는 마법을 몇 가지 소개한다. 자기 자신이나 사랑하는 사람들을 위해 부정적인 것들, 침입자, 악의, 부조화 같은 것들을 방어하는 데 쓰면 좋다.

밤의 영혼을 물리치는 월계수 잎 마법

어린 시절 내가 악몽에 시달릴 때마다 내 어머니가 쓰던 마법이다.

준비물

월계수 잎 1개
찬물 1잔
소금 1/2 티스푼

사용법

· 월계수 잎을 들고 그것에게
  "영혼들이여 편히 쉬세요. 나 또한 쉬겠습니다." 라고
  속삭인다.

· 물이 담긴 잔에 월계수 잎을 넣고 소금을 추가한 뒤
  물잔을 당신이 자는 침대 밑에 놓는다.
  물은 부정적인 에너지를 쫓아주고, 월계수 잎과 소금은
  부정적인 에너지가 돌아오는 것을 막는다.

· 아침에 물을 버린다. 필요하면 밤마다 같은 과정을 반복한다.
  나는 내 아이들을 위해 이 마법을 하는데,
  아이들은 어떤 악몽도 꾸지 않고 단잠을 잔다.

운향풀 방어 향주머니

운향풀은 높은 방어력을 가지고 있어서 나는 방어 마법에
자주 사용한다. 이 향주머니 마법은 간단하고 쉽다.
부정적인 것과 악의를 쫓으려면

이 향주머니를 항상 가까이 둔다.

꿈을 꾸는 동안 방어용으로 써도 좋다.

잠을 자는 베개 밑에 넣어 두면 된다.

준비물

작은 주머니 혹은 복주머니 1 개

말린 운향풀 1 테이블스푼

소금 1 테이블스푼

말린 위치하젤 1 테이블스푼

시더우드 혹은 몰약 에센셜 오일 3 방울

사용법

· 오일을 포함해 모든 재료를 주머니에 넣는다.

· 에센셜 오일을 추가해 향주머니를 재충전한다.

쐐기풀(nettle) 해독제

해독이라는 말은 마녀들이 저주를 풀고 끊고 되돌릴 때 쓰는 용어다. 쐐기풀은 저주나 불운을 깰 때 사용한다.

준비물

작은 그릇 1 개

말린 쐐기풀(nettle) 1 테이블스푼

말린 짚신나물(agrimony) 1 테이블스푼

작게 부순 숯가루 1 테이블스푼

잇꽃(safflower) 오일 120ml

사용법

- 그릇에 허브와 소금, 숯가루를 한데 섞는다. 섞은 것이 페이셜 스크럽처럼 점성을 띨 때까지 잇꽃 오일을 넣는다.

- 그것을 배에 바르고 살살 문지르면서 소망을 이야기한다.
  ** 부작용이 없는지 먼저 피부에 조금 발라본다.

- 밤새 그대로 두었다가 해가 뜨기 전에 씻어 낸다. 이후 이틀 동안 같은 과정을 반복한다.

도둑을 쫓는 커민 마법

예로부터 커민은 치유력과 방어력이 있다고 알려져 왔다.
악한 의도를 가진 모든 침입자들도 물리친다.

준비물

가루를 낸 같은 분량의 커민, 말린 바질
소금
** 테이블스푼이나 컵을 사용해 곱게 간 것

사용법

- 한데 섞인 재료를 모아 집 주변이나 집 앞에 뿌린다.
  나는 이것을 향주머니에 담아 가장 신성한 물건들을 넣어 두는 서랍에 보관한다.

성공을 부르는 마법

더 성공한 인생을 살고 싶다면? 그러한 당신에게 꼭 필요한 것이 바로 성공을 부르는 마법이다. 물론 사람마다 성공에 대한 생각이 다르므로 개별성을 감안한 마법들을 소개하려 한다. 성공은 더 건강해진 몸, 더 평화로운 가정, 기말고사 A 학점, 재판 승소 등 발전된 자신의 모습이나 나아진 인생을 위해 바라는 것이면 무엇이든 될 수 있다.

이 장에 소개된 마법들은 모두 내가 좋아하는 것들이지만, 나는 계획의 달성을 위한 생강 뿌리 목욕 마법을 가장 좋아한다. 적어도 한 달에 한 번은 이 마법을 쓰는데, 이것 덕분에 모든 일에서 흡족한 성과를 거두고 있다. 이 책을 집중해서 쓰고 제때 끝낼 수 있었던 것도 이 마법의 도움이 컸다. 이 마법이 당신에게 큰 성공을 가져오길 바란다!

계획을 달성하는 생강 뿌리 목욕 마법

이 마법이 필요 없는 사람이 과연 있을까?
나는 여러 가지 일을 동시에 처리해야 할 때가 많은데,
모든 일을 완수하기 위해 이 마법을 만들게 됐다.
이 마법은 곤두선 신경을 가라앉혀 주고 스트레스와 불안을
잠재우며 할 일에 대한 이해도를 높이고 사기를 북돋는다.

준비물

재료를 섞을 그릇 1 개
앱솜 소금 1 컵(300g)
히말라야 핑크 소금 1컵(300g)
잘게 잘라 말린 생강 뿌리 2 테이블스푼
말린 향나무(Juniper) 잎 1 테이블스푼
코팔 에센셜 오일 10 방울
일랑일랑 에센셜 오일 10 방울

사용법

· 그릇에 모든 재료를 담고 섞는다.

· 이것을 목욕물에 1 컵(300g)을 타고 목욕을 한 뒤
  할 일을 시작한다.

직업운을 높이는 넛멕 인센스

사회적 활동을 준비하고 있거나 중요한 미팅을 앞두고 있다면
집에서 이 인센스를 쓰면 좋다. 당신을 원하는 위치로 밀어
올려주거나 직업상 원하는 것을 이루어 줄 지구의 바람을

초대한다. 기다리면 그것이 당신의 에너지에 작용하는 것이 느껴질 것이다!

준비물

작은 그릇 1개
뚜껑으로 밀폐가 되는 유리병 1개
곱게 간 넛멕 2 테이블스푼
몰약 진액(resin) 1 테이블스푼
기린혈(dragon's blood) 진액(resin)이나 가루 1 테이블스푼
바질 1 테이블스푼
말린 서양톱풀 1 테이블스푼
벤조인 에센셜 오일 11 방울

사용법

· 그릇에 모든 재료를 섞고 나서 섞은 재료를 유리병에 넣고 필요할 때마다 꺼내 쓴다.

· 내연성 그릇에 이것을 조금 태우거나 원하는 대로 사용하면 된다.

연애력을 강화하는 로즈힙 얼음

얼음 마법? 얼음 마법 맞다. 기온이 섭씨 38도에 육박하던 어느 날, 밖에서 가슴에 얼음을 대고 열을 식히다가 발견한 마법이다. 그때 내 친구는 배우자에게서 아무런 열정을 느낄 수 없다고 한탄하는 중이었다. 내 친구가 이야기를 하고 있는데 별안간 얼음이 내 손가락에서 미끄러졌다. 얼음이 바닥에 떨어지는 순간, 관계에 다시 불을 지필 이 마법이 번쩍 하고

머릿속에 떠올랐다. 나는 집에 돌아와 그날 있었던 일을 명상한 다음 관계를 개선하는 이 마법을 만들었다. 날씨가 더울 때 가장 효과가 좋다. 초승달과 차오르는 달을 기다렸다가 실행한다.

준비물

그릇 1개
올리브 오일 1컵(250ml)
말린 로즈힙 2 테이블스푼
호로파 1 테이블스푼
빻은 시나몬 1 테이블스푼
로즈메리 1 테이블스푼
잘게 썬 오렌지 껍질 1개
얼음 얼리는 판 1개

사용법

· 모든 재료를 그릇에 담고 섞은 다음
  얼음을 얼리는 판에 채우고 얼린다.

· 초승달과 차오르는 달이 뜬 동안 해가 지면 레드 와인을 한 잔
  따라 얼음 판과 함께 들고 밖으로 나가서 밤시간을 즐긴다.
  하늘에 구름이 껴 있어도 상관없다. 술을 마시지 않는다면
  딸기 주스나 석류 주스, 체리 음료를 마시면 된다.

· 얼음 조각을 하나 꺼내 손가락에 쥐고 마실 것을 한 모금
  마신다. 얼음을 한 번 핥고 나서 소망하는 관계를 얼음에게
  속삭인다. 얼음을 땅바닥에 살그머니 떨어뜨려
  당신과 연인의 사이도 그 얼음처럼 녹는다고 설정한다.

· 각각의 소망에 새 얼음을 써서 원하는 만큼 소망을 빈다.
  필요하지 않은 얼음은 버린다.

Wealth and Abundance

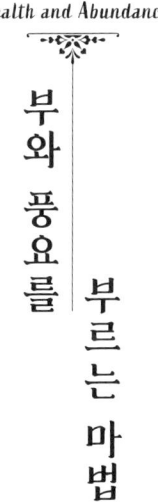

부와 풍요를 부르는 마법

현대화된 세상에서 돈 없이는 살아갈 수가 없다. 우리에겐 지불해야 할 청구서가 있고, 인생의 즐거움을 누리려면 돈을 써야 한다. 이제부터 부와 풍요를 끌어당기는 마법을 이야기하려 한다. 간단하지만 강력한 이 마법을 제대로 실행하면 풍요로운 삶을 영위하게 될 것이다. 모든 것이 그렇듯 부와 풍요 역시 사람마다 생각하는 바가 다르다. 내가 생각하는 부와 풍요는 머리 위에 지붕이 있고 식탁에는 음식이 있으며 아등바등 애쓰지 않아도 되는 것을 말한다. 그리고 내가 가진 것에 감사하는 것이다. 더 많은 돈, 더 넉넉한 형편을 바라는 것은 잘못된 것이 아니다. 얼마든지 그래도 된다! 당신이 무얼 원하는지 자각하면서 월급 인상, 새 직장, 빌려준 돈 받기 같은 실현 가능한 소망부터 시작하면 된다. 거기서부터 시작하되 인생에 어떤 일이 벌어지든 감사해야 한다는 걸 잊지 말아야 한다.

소귀나무(bayberry) 백지수표 마법

나는 여러 가지 수표 마법을 시도해 보았지만 항상 이 소귀나무 마법으로 돌아간다. 우리 집 현관에서 만난 정령에게서 배운 마법인데, 이 작은 마법은 성공률이 유난히 높다.

준비물
수표책
물병 1 개
소귀나무(bayberry) 오일(30ml)
시나몬 가루 1/4 티스푼

사용법

· 보름달이 뜨면 수표책에서 수표를 한 장 뜯어 날짜 칸에 '현재'라고 쓴다. '받는 사람' 칸에는 당신의 성과 이름을 모두 쓴다. 금액을 숫자로 쓰는 공란에 '빌려준 돈'이라고 쓰고, 글자를 쓰는 공란에도 똑같이 쓴다. 그리고 평소처럼 서명을 한다.

· 수표를 물병 안에 넣고 소귀나무(bayberry) 오일과 시나몬 가루도 같이 넣는다. 이제 침을 한 번 병 안에 뱉고 나서 뚜껑을 꼭 닫고 돈이 들어오기를 기다린다.

올스파이스 쌀 금전 마법

마법이 걸린 이 쌀은 먹을 수 없지만,
필요할 때 돈을 불러오는 힘이 있다.

준비물

작은 그릇 1개

뚜껑을 꼭 닫을 수 있는 빈 유리병 1개

현미 1 컵(200g)

올스파이스 가루 2 테이블스푼

검은 후추 가루 1 테이블스푼

말린 딜 1 테이블스푼

넛멕 가루 1 테이블스푼

버베나 에센셜 오일(30ml)

저액권 지폐 1 장

투명한 수정 조각 여러 개

시나몬 가루 1 테이블스푼

사용법

· 그릇에 식용이 가능한 재료를 먼저 섞고 나서 버베나 오일을 추가한다.

· 지폐를 잘게 찢어 다른 재료와 섞는다. 수정 조각들도 넣고 같이 섞는다.

· 섞은 것을 유리병 안에 넣고 뚜껑을 닫는다. 뚜껑 위나 유리병 주변에, 혹은 두 곳 모두에 시나몬 가루를 뿌린다.

· 집이나 일터 등 돈이 필요한 곳에 이 유리병을 놓아 둔다.

알파파 사과 마법

이 마법은 당신이 돈과 부, 새로운 기회 같은 풍요를 바란다는 메시지를 4원소에게 보낸다. 반드시 보름달이 뜬 밤에 자연과 가까운 곳에서 하도록 한다.

준비물

청사과 1개
말린 알파파 잎 1 티스푼
말린 카모마일 1 티스푼
잘게 썰어 말린 생강 뿌리 1 티스푼
월계수 잎 2~3개
꿀 1 테이블스푼

사용법

· 날카로운 칼로 사과 옆면에 터널 모양의 구멍을 내다가 가운데에 도달하면 멈춘다.

· 알파파, 카모마일, 생강, 꿀을 구멍에 채운 다음 월계수 잎으로 구멍을 막는다. 사과 옆면에서 월계수가 돋아나는 모양새가 될 것이다.

· 보름달이 떠 있는 동안 자정에 자연 풍광이 있는 곳에서 사과를 땅속에 묻는다.

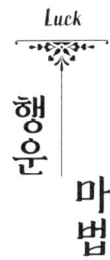

행운 마법
Luck

행운은 쉽게 오지 않는다. 행운 에너지를 자유자재로 다스려야 행운을 자기 것으로 만들 수 있다. 행운의 여신은 자신을 소리쳐 부르는 자를 좋아하는데, 행운의 여신을 부르는 데 행운 마법만한 것도 없다.
행운 마법은 사람들에게 큰 인기를 누려 왔다. 사람들은 모든 걸 갖고 싶어한다. 올바른 결정을 내리고 올바른 답을 고를 수 있으며 누군가에게 선택될 수 있다고 믿고 싶어한다. 행운은 아주 실질적인 것이지만 노력을 들여서 끌어당겨야 하는 것이기도 하다. 무슨 일이든 노력이 필요하다. 그저 행운 때문에 일어나는 일은 없지만 행운 마법은 당신이 무얼 바라든 그것이 일어나도록 유인하는 힘이 있다. 케이크의 겉에 입히는 당처럼 모든 걸 한데 아우르는 것을 더하는 셈이다. 그러니 이 환상적인 마법에 탐닉해 보는 건 어떨까. 부디 이 마법이 당신이 소망하는 것을 가져오기를 기원한다.

얄라파(High John the Conqueror) 행운 오일

타임과 얄라파는 삶에 행운을 가져오는 특성이 있다.
취업 면접이나 첫 데이트처럼 행운이 추가로 필요할 때마다
이 오일을 지니고 다닌다.

준비물

휴대하기 좋은 약병이나 아주 작은 유리병 1 개
엑스트라 버진 올리브 오일
** 약병이나 유리병을 3/4 정도 채울 만한 분량
타임 1 티스푼
얄라파 뿌리 가루 1 티스푼

사용법

· 약병이나 유리병에 오일을 채우고 타임과
  얄라파 뿌리를 넣는다.

· 중요한 일이 있을 때마다 약병을 몸 가까이에 둔다.

얄라파 뿌리만 넣어서 만든 오일은
촛불에 바르는 성유로 쓸 수 있다. 나는 가루를 쓰지 않고
많은 양의 얄라파 뿌리를 통째로 강판에 갈아 성유로 쓴다.
이것을 한 달 이상 오일에 재워 두었다가 성유로 사용한다.

파촐리 행운 향수

이 강력한 마법의 향수를 뿌려 행운을 불러오자.

준비물

약병 1개

약병을 3/4 정도 채울 만한 호호바 오일

파촐리 에센셜 오일 7 방울

백향목 에센셜 오일 4 방울

라벤더 에센셜 오일 2 방울

일랑일랑 에센셜 오일 2 방울

몰약 에센셜 오일 1 방울

황수정 1 개

사용법

· 약병에 호호바 오일을 붓고 에센셜 오일을 추가한다.

· 약병을 봉하고 충분히 흔든 다음 서늘하고 어두운 곳에 사흘 간 보관한다. 약병 바로 옆에 황수정을 놓아 두면 오일에 활력을 불어 넣는다.

· 향수가 완성되면 뒷목과 귀 뒤, 손목 안쪽에 2 방울씩 떨어뜨린다.

** 피부에 자극이 없는지 먼저 테스트를 한 다음 사용한다.

펜넬 행운 부적

많은 사람들이 행운의 부적을 몸에 지니는데, 이 펜넬 행운 부적은 실망시키는 법이 없다. 불운이 계속되는 걸 끊어내려면 7일 동안 이 부적을 지니고 다닌다.

준비물

크기가 작은 초록색이나 노란색 주머니

펜넬 씨앗 1 테이블스푼

말린 바질 1 테이블스푼

말린 베르가못 1 테이블스푼

잘게 썰어 말린 생강 뿌리 1 티스푼

정향 3 알

오렌지 1 개, 혹은 오렌지 조각 몇 개

당신의 머리카락 1 올, 혹은 손톱 조각 몇 개

사용법

· 모든 재료를 주머니에 넣는다. 곧바로 사용하면 된다!

치유 마법

마음에 자아를 담고 자기 몸을 잘 챙기면 최상의 모습을 유지할 수 있다. 치유의 마법은 불편한 느낌을 해소하고, 신체적으로나 정신적으로 혹은 영적으로 당신을 섬기지 않는 것들을 제거하기에 좋다.

나는 치유 마법이 자신을 사랑하는 행위라고 믿는다. 본질로 돌아가서 자신을 섬기지 않는 것들을 떨쳐내는 것이면 뭐든 자신을 사랑하는 행위이라고 봐야 한다. 이제부터 이야기할 마법은 당신을 위해 써도 좋고 사랑하는 사람들을 위해서 써도 좋다. 타고난 치유 능력을 강화하는 데도 큰 도움이 된다. 치유 마법은 가장 쉬우면서도 절대 실망시키는 법이 없다. 강력한 효능이 있어 놀랍도록 효과가 좋다.

캣닙 치유 마법

성유 바른 촛불을 사용해 다방면으로 치유의 효과를 얻는다.

준비물

파란색 양초 1 개
말린 캣닙 2 티스푼
말린 머위 1 티스푼
말린 컴프리 1 티스푼
샌들우드 에센셜 오일 30ml

사용법

· 양초를 손에 든다. 다른 사람을 위해 이 마법을 쓰려면 그 사람의 이름을 양초에 새긴다.

· 허브와 오일을 한데 섞는다.

· 섞인 오일을 위에서 아래로 양초 표면에 부드럽게 바른다. 이 행동은 당신의 소망을 이루어 줄 것이다.

· 양초에 성유를 바르면서 소망을 말한다. "내게 치유를 가져오라. 내게 힘을 가져오라. 이 숨으로 신성한 마법을 소환한다."
** 원하면 문구를 바꿔도 좋다. 다른 사람을 위해 쓸 때는 반드시 바꿔야 한다.

· 이제 양초에 불을 붙이고 끝까지 타도록 둔다.

치유를 위한 마늘 족욕

마늘은 오랫동안 마법에 활용되어 왔다. 효과가 강력한 마법의 재료로, 어느 가정에나 구비되어 있다. 내 가족들은 마법 작업을 하고 치료제를 만들고 요리를 하는 데 거의 날마다 마늘을 쓴다. 치유제에 마늘을 쓰면 발에서는 좋은 냄새가 나지 않겠지만 질병은 쫓겨가고 치유의 힘은 끌려올 것이다.

준비물

작은 냄비 1개
물 2 컵(500ml)
말린 머위 1 테이블스푼
말린 금사매(st John's wort) 1 테이블 스푼
말린 약쑥 1 테이블스푼
자작나무 껍질 1 테이블스푼
빻은 마늘 4쪽
오레가노 오일 30ml
발을 담글 양동이, 혹은 큰 그릇 1개. 물을 반쯤 채운다.

사용법

· 작은 냄비에 물 2 컵을 붓고 끓인 다음 모든 재료를 넣고 5~7분 동안 우린다.

· 우린 물을 조금 식힌 뒤 냄비에 담긴 것을 물 양동이에 모두 붓는다.

· 이제 물 양동이를 조용한 방으로 가져다 놓고 불을 끈다.
  **혹은 불빛을 어둡게 한다.
  원하면 마음에 드는 향을 켜고 잔잔한 명상 음악을 틀어 치유를 돕는 차분한 분위기를 조성한다.

· 물의 온도를 확인한다. 물은 미지근하거나 서늘해야 한다.
  물에 발을 담그고 눈을 감는다. 10~15분 동안 발을 담근다.

· 사흘 동안 내리 같은 과정을 반복한다.

질병을 물리치는 담뱃잎 향

이 향은 집안의 질병을 치료한다. 누군가 세상을 떠났다든가 해서 집안에 슬픔이 감돌 때 그것을 완화하기도 한다. 부정적인 영혼들을 정화하고 방어하는 데도 좋다. 이 향은 너무나 강력해서 태우기 전부터 그 효과를 느끼기도 한다.

준비물

담뱃잎 1 개, 혹은 자른 담뱃잎 1 테이블스푼
말린 바질 1 테이블스푼
정향 가루 1 테이블스푼
코팔 진액 1 테이블스푼
몰약 진액 1 티스푼
시나몬 가루 1 티스푼
말린 쑥 1/4 티스푼
말린 오렌지 2 조각
말린 레몬 1 조각
뚜껑이 꼭 닫히는 유리병 1 개

사용법

· 모든 재료를 한데 으깨서 완전히 섞는다.

· 향을 조금 태워 치유의 힘을 내보낸다.
  나머지는 유리병에 보관했다가 나중에 사용한다.

청결 마법

청결 마법은 우리 가족들이 오랫동안 사용해온 핵심 마법이다. 우리 가족들은 집에 새로 들인 물건부터 나쁜 에너지나 저주를 쫓아야 할 사람까지 모든 것에 청결 마법을 쓴다. 청결 마법은 불필요한 에너지를 제거하고 긍정적이고 평화로운 에너지를 가져온다.

마법의 도구와 제단, 성소를 청결하게 유지하는 것은 중요한 일이다. 물론 가끔씩 당신 자신에게도 청결 작업을 해야 한다. 나는 날마다 마법 작업을 하고 치유자로 일하기 때문에 반드시 매일 청결 작업을 거친다.

이제부터 내가 쓰는 믿음직한 청결 마법들을 이야기해 보겠다. 이 근사한 마법들은 큰 효험을 발휘한다.

바질 청결 스프레이

바질은 특급 마법 재료로서 용도가 다양하다. 이 간단한 스프레이로 성스러운 물건과 장소, 제단은 물론이고 정체된 에너지를 제거해야 하는 곳이면 어디든 청결과 영적 정화 작업이 가능하다. 냄새만으로도 기운을 북돋고 마력을 발휘한다. 바질의 힘을 활용하는 데는 이 스프레이만 한 게 없다.

준비물

물 450ml
두 조각으로 자른 레몬 1개
바질 잎 1 움큼
타임 1 테이블스푼
스프레이 공병 1개

사용법

· 냄비에 물을 끓인 뒤 레몬 두 조각과 바질, 타임을 넣고 10분 동안 더 끓인다.

· 식을 때까지 두었다가 허브와 레몬은 체에 받혀 걸러낸다. 스프레이 공병에 우린 물을 따른다. 이제 사용할 준비가 끝났다.

타임 청결 인센스

이 향은 천국의 향기를 지녔을 뿐 아니라 부정적인 에너지가 붙은 물건과 장소를 정화하고 씻는 데도 좋다. 마법 작업을 마친 뒤, 혹은 집 주변의 에너지를 제거해야 할 때 쓰면 좋다.

준비물

타임 2 티스푼

로즈메리 1 티스푼

세이지 혹은 샐비어(purple sage) 1 티스푼

스타아니스 가루 1 티스푼

타임 에센셜 오일 2 방울

라벤더 에센셜 오일 1 방울

뚜껑이 꼭 닫히는 작은 유리병 1 개

사용법

· 타임과 로즈메리, 세이지를 한데 섞어 최대한 곱게 간다.

· 이것에 스타아니스 가루와 에센셜 오일을 섞어 유리 병에 넣는다.

· 조금 덜어 향처럼 태운다.

라벤더 청결 목욕 소금

하루 일과의 스트레스를 날리고 신성한 목욕물에 몸을 담그면 어떨까? 여기에는 라벤더 청결 목욕 소금이 딱이다! 이 소금은 긴장을 풀어주고 마음을 가라앉히며 피부를 감싸줄 뿐 아니라 당신에게 속하지 않은 에너지, 혹은 부정적이거나 해로운 에너지를 내보낸다.

준비물

바다 소금 1 컵(300g)

말린 라벤더 2 테이블스푼

로즈메리 1 테이블스푼

말린 페퍼민트 잎 1 티스푼

라벤더 에센셜 오일 4 방울

유향 에센셜 오일 2 방울

사용법

· 모든 재료를 한데 섞은 다음 이것을 테이블스푼으로 3번 떠서 목욕물에 탄 뒤 욕조에 들어간다.

New Beginnings

새로운 시작을 위한 마법

새로운 출발을 비는 마법은 재시작과 재도전, 새로운 앞날을 열어 준다. 하지만 다시 시작하는 것은 두려움을 불러일으킬 수 있다. 만약 편안함에 중독된 상태라면 편안함이 고통을 수반하는데도 그저 익숙하다는 이유로, 혹은 고통받는 것이 당연하다는 생각에 그 편안함을 받아들이기도 한다. 하지만 당신은 값진 존재이고 값진 삶을 영위할 자격이 있다. 다시 시작하는 것이 완벽함을 보장하지는 않지만 다시 시작한다면 지금보다 훨씬 더 수월한 앞날이 펼쳐질 수도 있다. 당신의 생각과 느낌대로(적어도 당신의 바람과 가깝게) 흘러가는 삶 말이다. 나는 새롭게 시작하는 것을 좋아한다. 리셋 버튼이자 새출발과 재도전을 의미하고 실패를 만회할 기회이기 때문이다. 새롭게 시작하는 것은 누구나 가진 생득권이다. 새롭게 출발하는 데 도움이 될 만한 간단하면서도 효과적인 마법을 이야기해 보겠다.

연꽃 초승달 에너지 오일

이 마법은 묵은 에너지를 방에서 내보내고 신선한 에너지를 들인다. 최근에 인간관계나 우정의 상실, 해직, 혹은 같이 살던 사람의 사망으로 고통을 겪은 사람에게 좋다.

이 오일은 양초와 마법 도구, 크리스탈에 성유로 발라 같은 용도의 다른 마법에 사용해도 좋다.

준비물

재료를 섞을 그릇 1 개
잇꽃(safflower) 오일 1 컵(250ml)
말린 푸른 연꽃 2 테이블스푼
잘게 썰어 말린 자작나무 껍질 1 테이블스푼
말린 엘더베리 1 테이블스푼
말린 흰꽃광대나물(white horehound) 1 테이블스푼
뚜껑이 꼭 닫히는 유리병 1 개

사용법

· 오일을 만들기 전에 작업을 하게 될 방의 창문을 한 개 이상 열어 오래된 에너지가 나가고 새로운 에너지가 들어오게 한다. 가능하면 복도나 계단의 창을 포함해 집의 모든 방마다 창문을 열어 두는 것이 좋다.

· 모든 재료를 그릇에 넣고 섞은 뒤 유리병에 넣는다.

· 손바닥에 오일을 약간 덜어내고 양손을 빠르게 비벼 에너지를 끌어낸다.

· 방 한가운데 서서 그라운딩을 하고 당신의 의도에 집중한다.

· 많은 에너지를 쏟아내며 과장된 동작으로 세 번 손뼉을 친다.
  손뼉을 칠 때마다 "묵은 것은 밖으로, 새것은 안으로." 라고
  소리 내어 말한다.

· 즉시 공기의 변화가 일어날 것이다. 영적으로 민감한
  사람이라면 평화가 당신의 가정이나 공간으로 흘러 드는 것을
  느낄 것이다.

· 마법이 끝나면 뚜껑을 닫아 유리병을 봉한다.
  다시 사용할 때까지 오일을 유리병에 보관한다.

새로운 시작을 위한 송이풀(wood betony) 풋오일

발의 구속을 풀고 나아가는 힘을 발에 불어넣어 자유롭게
다시 걷도록 돕는 오일이다. 비슷한 마법에 쓸 양초와 크리스탈,
도구에 바를 성유로 써도 좋다. 이 오일은 초승달이 뜨기를
기다렸다가 사용한다.

준비물

재료를 섞을 그릇 1 개
포도씨 오일 1 컵(250ml)
말린 송이풀 2 테이블스푼
말린 엉겅퀴 1 테이블스푼
말린 서양톱풀(yarrow) 1 테이블스푼
발을 감쌀 질경이 잎 여러 개

사용법

· 그릇에 오일과 허브를 섞는다.

· 초승달이 뜨는 동안 오일을 발 전체에 바르고 질경이 잎으로 발을 감싼다. 오일이 발에 스며들며 마력을 발휘하도록 20분 동안 두었다가 닦아 내고 질경이 잎은 버린다.

아슈와간다 카카오 음료수

이것은 마법의 핫초코 음료수다. 다른 차원의 에너지 단계로 당신을 이동시킬 뿐 아니라 새로운 시작과 새로운 여정을 향해 당신을 밀어주고 안내할 바람을 일으킬 것이다.

준비물

재료를 섞을 그릇 1 개
말린 아슈와간다 2 티스푼
카카오 가루 1/2 컵(70g)
말린 샤타바리 1 테이블스푼
바닐라 추출물 1/2 티스푼
스타아니스 1 개
시나몬 가루 1/2 티스푼
카더멈 가루 1/2 티스푼
히말라야 분홍 소금 1/2 티스푼
뚜껑으로 밀폐되는 유리병 1 개
우유 1 컵(250ml). 가능하면 오트밀이나 아몬드 같은 식물성 우유가 더 좋다.

사용법

· 마른 재료들을 그릇에 넣고 섞는다. 섞은 재료를 유리병에 넣고 뚜껑을 닫는다.

· 작은 냄비에 우유를 끓인다. 위에서 섞은 재료를 1 테이블스푼 만큼 우유에 추가하고 우유를 저으면서 3분 동안 끓인다. 조금 식힌 다음 원하면 설탕이나 단풍나무 시럽, 아가베 시럽으로 단맛을 추가하고 저어 마시면 된다!

· 섞은 마른 재료는 유리병에 보관하다가 다음에 같은 마법을 할 때 사용한다.

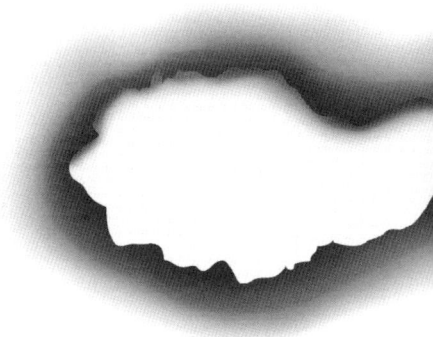

Psychic Enhancement

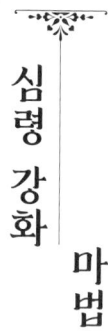

심령 강화 마법

심령 능력을 강화하는 이 마법으로 당신의 재능을 다른 차원으로 도약 시켜 보자. 이 마법은 내면의 마법을 증폭시켜 의식의 차원으로 끌어낼 것이다. 명상을 시작하기 직전이나 잠자리에 들기 전 접속을 위한 마음의 문이 열릴 때 하면 더없이 좋은 마법이다.

나는 누구에게나 재능이 있다고 믿는다. 태어날 때부터 재능을 발휘하는 사람이 있는가 하면, 자기 재능을 안고는 있지만 개발해야 하는 사람이 있다. 반면에 자신의 재능을 아직 깨닫지 못한 사람도 있다. 어떤 경우이든 아무런 문제가 되지 않는다. 우리가 실력을 얼마나 빨리 쌓는가 하는 것은 여러 가지 요소들이 작용한 결과이다.

핵심은 훈련이다! 몸의 근육이 그렇듯 심령의 근육도 키우려면 자꾸 써야 한다. 이제부터 등장하는 마법은 실전 마법의 분야로 넘어왔다는 확신을 줄 것이다!

심령 능력과 방어력을 강화하는 스타아니스 인센스

내가 어릴 때 스타아니스는 우리 집 부엌과 마법 작업에
꼭 있어야 하는 재료였다. 나는 지금도 스타아니스를
자주 쓰고 있다. 이 인센스는 꿈결 같은 향기가 날 뿐 아니라
효과도 강력해서 심령 능력을 키우고
부정적인 에너지를 막는 방어력을 강화한다.
명상을 할 때나 마법 작업을 할 때 스타아니스 섞은 것을
인센스처럼 조금 태우거나 몰약 혹은 코팔 진액에
스타아니스 가루를 조금만 추가해 태운다.

준비물

스타아니스 열매 1~3개
코팔 진액 1 테이블스푼
몰약 진액 1 테이블스푼

사용법

· 재료들을 한꺼번에 으깨어 완전히 섞는다.

· 여느 허브 진액을 태우듯이 태운다.

좁쌀풀(eyebright) 송과안 차

나는 차를 좋아해서 차를 만들거나 마법이 깃든 차를 즐겨
마신다. 좁쌀풀 송과안 차는 점을 치거나 명상을 하거나
다른 마법 작업을 하기 전에 마시면 더할 나위 없이 좋다.
이 비법은 차 한 잔 분량을 기준으로 한다.

준비물

생수 1 컵(250ml)

말린 좁쌀풀 1 테이블스푼

말린 시계초(passionflower) 1 티스푼

스타아니스 열매 1 개

말린 장미 꽃잎 1 티스푼

사용법

· 작은 냄비에 재료를 넣고 끓인다.

 물이 끓고 나서 5~7분 동안 더 우린다.

 아니면 찻주전자에 갓 끓인 물을 붓고 8~10분 동안

 재료를 우린다.

· 차를 한쪽에 두고 충분히 식힌 다음 마신다.

직관력을 높이는 레몬그라스 세정제

레몬그라스 달인 물은 제단과 마법 도구를 비롯해 집 안을
청소하는 데 쓰면 좋다. 직관을 높이고 부정적인 에너지를 막는
방어력을 높여 줄 것이다. 너무 남용하지 않도록 주의한다.

준비물

생수 3 컵(750ml)

** 가능하면 빗물

말린 레몬그라스 1 테이블스푼

월계수 잎 3 개

말린 재스민 2 티스푼

말린 캣닙 2 티스푼

말린 약쑥 2 티스푼

레몬 반 개

사용법

· 모든 재료를 작은 냄비에 넣는다.
 물이 끓으면 5분 동안 더 끓인다.

· 찻물을 식힌 뒤 건더기를 체에 받혀 거르고
 청소에 쓸 물만 남긴다. 이제 사용하면 된다.

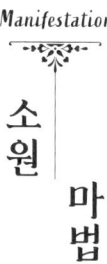

소원 마법

Manifestation

현대 마법의 꽃은 소원 마법이다. 우리 마녀들은 원하는 삶을 실현하는 데 마법의 초점을 맞추고 있다. 이 마법은 당신의 기대를 저버리지 않을 것이며 당신이 품은 욕망을 위해 산도 움직일 것이다.

앞서 말한 대로 소망의 실현은 마법사의 태도, 즉 원하는 걸 이미 가졌다는 느낌과 밀접한 관련이 있다. 그 에너지가 당신의 삶에 나타나게 하려면 그것을 느끼고, 보고, 꿈꾸어야 한다. 그러면 그것이 당신이 바라는 것들을 끌어당길 것이다. 그다지 어려운 작업이 아니다. 이제부터 소개할 소원 마법은 가장 심원한 욕망들이 실현되도록 도울 것이다.

밀 편지 소원 마법

내가 소중하게 여기고 아끼는 마법이다. 어느 날 잠을 자다가

떠오른 환상에서 발견한 마법이며 그때 나는 수없이 되풀이한
마법인 양 이 마법을 실행했다. 그리고 잠에서 깨자마자
그것을 기록했다. 아무리 칭찬해도 모자라는 마법이고,
여러 번 반복해도 늘 효과가 좋았다.

준비물

편지를 쓸 종이
빨간 펜. 혹은 깃털 펜과 잉크 대신 쓸 생리혈
밀 줄기 1개

사용법

· 우주에게 편지를 써서 필요한 것을 말한다. '영혼에게'라고
  표현해도 좋고, 신 혹은 신적인 존재를 선택해도 괜찮다.
  구체적으로 자세히 쓴다. 예를 들어 자동차를 갖고 싶다면
  좌석의 개수, 차 색깔 같은 것을 적는다.

· 편지 끄트머리에 '추신. 내가 원하는 것은 이렇지만,
  당신이 보기에 내게 가장 맞다고 생각하는 자동차를 주어도
  괜찮습니다.'와 같은 내용을 덧붙인다. 그러면 소망이
  이루어질 가능성은 당신이 원하는 자동차에 국한되지 않는다.
  더 좋은 것이 생길 수도 있다. 효력은 요청한 걸 가져와도
  좋다는 허락에서 나온다는 걸 명심한다. 시간이 훨씬 더 오래
  걸릴 수도 있고 이루어지지 않을 수도 있다.

· 편지에 서명하고 나서 당신을 향해 편지를 두 번 접는다.
  그리고 편지를 더 접지 않아도 되고 밀 줄기를 같이 넣을 수
  있을 만큼 큰 편지봉투에 편지를 넣는다.
  ** 필요하면 밀 줄기는 구부려도 좋다.
  편지봉투를 봉하고 나서 당신 앞으로 편지를 붙인다. 편지가

도착하면 그것을 제단에 가져다 둔다.

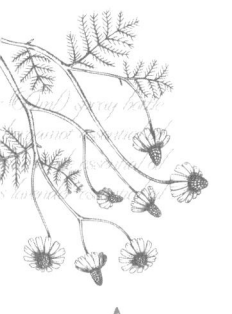

베르가못 소원 마법 룸 스프레이

소원 마법을 실행할 방에 이 스프레이를 뿌린다.
명상할 때 사용해도 좋다. 긴장을 풀어주고 영혼을 고양시켜
영적 결속을 강화한다. 향기도 정말 좋다.

준비물

스프레이 공병 1개(60ml)
베르가못 에센셜 오일 11 방울
카모마일 에센셜 오일 7 방울
라벤더 에센셜 오일 7 방울

사용법

· 공병에 오일을 넣고 오일 위에 물을 채운다.

· 뚜껑을 닫고 잘 흔든 다음 사용한다.

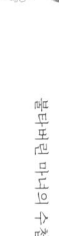

스피어민트 달물(moon water) 소원 마법 차

나는 소원 마법에 효과가 있는 달물을 얻으려고
몇 달 동안 노력하다가 이 마법의 차를 발견했다.
보름달이 뜬 동안에만 써야 한다.

준비물

유리병 1개(700ml)
깨끗한 빗물 혹은 수돗물

스피어민트 잎 11개

말린 고수 약간

크리스탈 수정 조각 여러 개

월계수 잎 1개

레몬 조각 6개

식용 꿀

사용법

· 유리병에 빗물을 채운다.

  ** 도시나 오염이 심한 지역에 산다면 수돗물도 괜찮다

· 유리병에 스피어민트와 고수, 수정 조각들을 차례로 넣는다.

· 월계수 잎을 입술에 대고 심호흡을 세 번 한다.
  숨을 내쉴 때마다 월계수 잎에 당신의 마법을 천천히
  불어넣으면서 이루고 싶은 소원을 머릿속에 그린다.
  이제 월계수 잎을 유리병 안에 넣고 뚜껑을 닫는다.

· 집 안이나 밖에 유리병을 놓아 둔다.
  보름달이 잘 보이는 곳이면 어디든 괜찮다. 구름이 낀 날이라도
  물이 보름달의 향긋한 에너지를 흡수할 것이다.

· 해가 뜨기 전에 유리병을 다른 곳으로 치워
  유리병이 햇빛에 손상되는 것을 막는다.

· 준비가 되면 레몬 조각들을 유리병 안에 추가하고 뚜껑을
  닫는다. 두 손을 뚜껑 위에 대고 명상한다. 명상할 때 말이
  반복되는 음악을 틀면 소원을 이루는 데 도움이 된다.
  10분 이상 이렇게 명상하면 달물이 당신의 소원과 융합된다.

· 이제 달물을 쓸 준비가 끝났다. 달물 1컵을 끓인 다음 건더기는
  체에 받쳐 거르고 물만 따른다. 꿀을 조금 넣고 차를 조금 식힌

뒤 조용한 곳에서 긴장을 풀고 이 마법의 차를 마신다.
마법의 에너지를 끌어올리려면 향을 조금 태워도 좋다.

· 남은 달물은 냉장고에 보관하고 날마다 데워 모두 마신다.

이 마법과 마법 포션, 그 밖의 마법 작업들이 당신에게도 쓸모가 있기를 바란다. 원한다면 각자의 직관을 따라 마음껏 변용해도 좋다. 내가 알려준 방법 말고도 당신만의 마법을 가지고 훈련하길 바란다. 잊지 말고 훈련 결과를 당신의 마법 수첩에 기록한다.

나만의 마법 만들기

Creating Your Own Spells

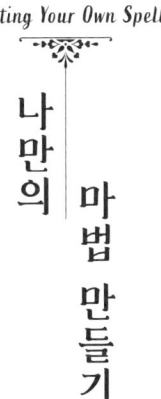

이미 별의별 마법이 세상에 수없이 널렸는데 왜 마법을 또 만들어야 하냐고? 기존의 마법은 초보 마녀들에게 잘 맞지 않을 수도 있기 때문이다. 게다가 당신이 직접 고안한 마법에 비하면 마력이 그리 크지도 않다. 자기만의 마법에는 다른 마법에는 없는 것, 즉 자신의 내면에 있는 마력이 융합된다! 당신의 생각, 감정, 에너지, 직관, 의지, 그리고 당신의 본질이 들어간다. 이것이 바로 대단히 강력한 마법을 만드는 비결이다.

새로운 마법을 만든다는 건 맛있는 케이크를 굽는 것과 비슷하다. 얻고 싶은 결과에 맞춰 재료를 결정하라는 뜻이다. 첫 시도에 기대한 모양이나 맛이 나지 않을 수도 있지만, 여러 번 훈련을 거치다 보면 원하는 결과를 얻게 될 것이다.

이제 마법을 만들 때 거치는 단계를 이야기해 보겠다. 결국은 만드는 과정이 숨쉬기처럼 아주 익숙해질 것이다.

목표를 정한다

처음부터 목표를 분명히 정한다. 이 마법으로 성취하려는 것이 무엇인가? 초보 마녀라면 한 가지 마법에 한 가지 목표만 구체적으로 정해야 한다. 방어 마법이라면 어떤 종류의 방어 마법인가? 어디에 필요한 방어 마법인가? 누구를 보호하기 위한 마법인가? 목표가 아주 선명히 드러날 때까지 모든 걸 적으면서 계속 분석한다.

도구와 재료를 모은다

즐거운 과정이므로 기대해도 좋다! 마법을 고안하는 데 필요한 재료와 도구, 물건을 생각해 보고 모은다. 포함하고 싶은 4원소와 상호작용도 고려한다. 거창한 마법이 아니어도 괜찮다. 수많은 재료나 도구가 필요한 것도 아니다. 단순한 것이 최고다. 목표에 가장 부합할 만한 것들에 집중한다.

마법을 기록한다

이제 마법을 기록할 차례다! 어떤 모양의 달이 뜨고 일주일의 어느 날 어느 시간에 쓰는 마법인지 정하고 싶다면 기록하기 전에 그것을 먼저 고려한다. 소리 내어 말하든 속으로 생각하든 주문 과정을 넣으려면 간단한 주문부터 시작한다. 처음부터 너무 화려한 것은 좋지 않다. 여러 번 훈련을 거치면서 원하는 문구를 외워 말할 수 있게 되면 문구를 수정하고 운율을 가미한다. 나는 이것을 '시인의 노래'라고 부른다. 이러면 기억하기도 쉽고 더 많은 에너지를 불러올 수 있다.

나는 내 에너지만으로 마법을 걸 수 있기 때문에 마법을 만들 때 항상 주문을 쓰지는 않는다. 이 경우 막대한 집중력이 필요하므로 감정과 느낌, 내면과 주변의 에너지를 완전히 통제해야 한다. 하지만 나는 만드는 마법을 마녀 수첩에 모두 적어 두기 때문에 주문이 없는 마법도 기록하고 있다.

자기가 만든 마법이라면 시간이 걸려도 그 과정을 외우고 있어야 한다. 필요한 물건은 무엇이고 그것으로 무엇을 해야 하는지도 모두 알아야 한다. 그 과정에서 마법에 영혼이 추가되면서 마법은 당신의 것이 된다. 내면의 마법보다 더 강력한 것은 없다.

당신과 당신의 공간을 준비한다

마법을 만들었으니 이제 쓸 준비를 한다. 아주 조용하고 방해받지 않을 공간을 찾는다. 촛불을 켜고 허브나 허브 진액, 향을 태워 작업 공간을 마련한다. 끌리는 색상과 향기를 그때그때 활용해 집중력을 높인다. 당신과 당신의 공간을 정화하고 나서 의자나 바닥에 앉아 그라운딩을 한다. 마음을 고요한 공간으로 보낸다. 시작하기 전에 모든 외부의 영향력과 소음을 제거한다.

마법을 실행한다!

준비가 되면 마법에 쓸 에너지를 끌어당기고 자신 있게 마법을 실행한다. 당신의 영혼을 그것에 쏟아붓는다! 에너지 끌어내기와 그라운딩 같은 과정에 특히 주의를 기울이고, 필요하면 도중에 반복해 실행한다.

마법 작업이 끝나면 태운 허브와 양초 같은 사용한 재료는 흙 속에 묻는다. 공간과 당신, 사용한 모든 도구를 정화한다.

도구는 오로지 이 목적으로만 쓰는 장소에 보관한다. 옷장의 한쪽 구석도 좋고 탁자도 좋다. 나는 어릴 시절과 대학에 다닐 때 침대 밑 상자 안에 도구를 보관했다. 어디든 상관없다. 정체된 에너지 없이 깨끗하게 보관할 수 있으면 된다.

경험에서 배운다

실행한 마법이 어떤 결과를 낳았는지 반드시 기록으로 남긴다. 마법 수첩을 쓰기 시작했다면 거기에 적는다. 느낌과 에너지, 당기는 기운과 미는 기운, 받은 메시지, 당신의 몸이 어떻게 느끼고 반응했는지 모두 적는다. 많은 마법이 즉시 실현되지 않는다는 걸 명심한다. 마법은 실현되기까지 시간이 걸린다. 특히 초보 마녀들의 경우에는 더욱 그렇다. 마력을 가장 높은 수준으로 끌어올리는 데 시간이 걸리기 때문이다. 어떤 변화나 전환의 조짐이 보이려면 일주일, 심지어 한 달이 걸릴 수도 있다. 마법의 목표가 크면 클수록 실현되기까지 시간이 더 걸리므로 그 점을 고려한다.

마법에는 훈련이 빠질 수 없다. 이것은 앞으로도 그럴 것이고, 마법을 실행하는 측면에서는 더더욱 중요하다! 일주일에 한 번 이상 시도하지 않는다. 마법의 핵심은 관찰과 기록이다. 그래야 다시 시도해서 수정할 수 있다. 시간을 두고 훈련하다가 새로운 마법으로 넘어간다.

Why Aren't My Spells Working?
내 마법은 왜 이루어지지 않나요?

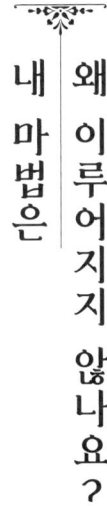

내가 가장 많이 받는 질문이자, 보통 "내가 어디서 실수를 했지?" 하는 의문 다음에 따라오는 말이다. 나는 마법에서 '실수'란 있을 수 없다고 생각한다. 마법에는 옳고 그른 방식이 없기 때문이다. 중요한 것은 조율하는 것이다.

마법 작업은 화학과 점성학, 영적인 본질을 모두 아우른다. 좋은 결과를 얻으려면 그 세 가지의 중심 어딘가에 자리를 잡아야 한다. 하지만 마법에 들어가는 가장 중요한 재료는 바로 당신이다. 당신의 마음이 마녀의 솥이고, 솥 안에 넣는 것들이 비법이 되는 것이다. 어떤 비법을 넣든 그것들을 제대로 요리하는 데 힘써야 한다.

아래의 기본 사항을 지켜 성공률을 최대한으로 끌어올리기를 바란다.

소망을 분명히 정한다

이루고 싶은 것이 무엇인지 처음부터 확실히 정한다. 그렇지 않으면 메시지는 흐지부지되어 그냥 사라지고 말 것이다. 모호한 소망은 시간을 더 잡아먹고 심지어 아무런 결과를 내지 못할 때가 많다. 새 일자리를 얻기 위한 마법을 실행한다면 원하는 일자리가 어떤 것인지, 원하는 직책은 무엇이고 보수는 어떤 식으로 받고 싶은지 구체적으로 정해야 한다. 원하는 바가 분명하지 않으면 달갑지 않은 일자리 제안이 들어오거나 아무런 기회도 생기지 않을 수 있다. 핵심은 구체적인 소망이다.

자신에 대한 믿음을 가진다

소망을 이루는 데 필요한 힘을 갖기 위해서는 그 힘의 존재와 당신의 마법을 믿어야 한다. 마법으로 무언가를 성취할 수 있다는 자신감을 가져야 한다. 가령 주말 전까지 1천 달러가 생기는 금전 마법을 실행할 때는 정말 그 돈이 생긴다고 믿어야 한다. 그 돈이 이미 생겼다는 믿음을 가져야 한다. 그렇게 된다는 믿음이 없으면 절대 그 일은 일어나지 않는다.

이십 대 때 나는 금전 마법의 수련에 많은 시간을 쏟았고 삼십 대 때 금전 마법을 완성했다. 그때 이후 청구서를 지불하고 인생을 즐기고 사업체를 운영하고 자선단체에 기부도 할 만큼 돈은 항상 넉넉한 편이다. 가장 먼저 할 일은 돈이 생겨날 만한 출처를 생각하는 것이다. 사업체의 소유주라면 사업체로 돈을 끌어오는 쪽으로 마법의 방향을 정한다. 누군가에게 돈을 빌려준 사람은 그 쪽으로 방향을 잡으면 된다. 돈이 생겨날 곳을 모르겠다면 어디서든 생겨날 수 있다고 생각한다.

긍정적인 마음을 갖는다

마법을 실행하면서 목표나 소망을 정할 때 자신감과 힘에서부터 출발하는 것이 중요하다. 차분하고 고요한 느낌을 가져야 한다. 걱정이나 당혹감, 조급한 마음은 당신의 마법을 방해할 뿐이다. 영혼 안의 마법을 느끼고 그것이 당신 안에 존재한다는 걸 믿어야 한다.

소망하는 것을 머릿속에 그린다. 그것이 보이고 느껴지는가? 맛이 나는가? 모든 면을 구체적으로 생각한다. 사랑을 원해서 사랑을 끌어당기는 마법을 행한다고 가정해 보자. 사랑받지 못한 채 혼자 있는 느낌은 사랑의 마법이 작용하는 걸 방해한다. 그러니 마법을 실행하기 전 사랑의 느낌이 충만했던 시절을 돌이켜보거나 사랑에 빠졌다고 상상해야 한다. 누군가에게 사랑을 받으면 어떤 느낌이 드는가? 찬란히 빛나는 당신의 미소, 당신의 몸을 사로잡는 느낌을 생각한다.

인내심을 갖는다

에너지에 조바심이나 스트레스가 가해지면 마법이 실현되기까지 더 오랜 시간이 걸린다. 내보내는 메시지도 방해를 받는다. 마법에는 시간이 걸리니 인내심을 갖도록 한다. 나는 마법 작업을 할 때 흘러가는 대로 받아들인다. 효과가 있는지 없는지 불안해 하지 않는다. 때가 되면 좋은 결과가 오리라는 걸 알기 때문이다.

한 번에 하나씩 집중한다

이루고 싶은 소망 가운데 하나에만 오롯이 집중한다. 한 가지에만 공을 들이면서 모든 에너지를 쏟아붓는다. 여러 가지 소원 마법을 동시에 이루려면 몇 년이 걸릴 수도 있다. 소망이 다른 여러 마법을 동시에 실행하면 마법들이 서로를 방해할 가능성이 크다. 마녀들이여, 한 걸음 한 걸음 나아가자. 한 번에 마법을 하나씩 실행하고 온전히 하나에만 집중한다. 하나가 끝나면 다음 것으로 넘어간다.

운명을 믿는다

당신에게 이로운 소망만 실현된다. 당신을 섬기지 않는 것들은 당신의 선조들과 안내자들이 절대 용납하지 않는다. 그들을 믿어야 한다. 당신의 여정을 믿고 우주를 믿어야 한다. 아직 때가 되지 않아 이루어지지 않는 것이지 때가 되면 결실을 거둘 수 있다. 예를 들어 보겠다. 내 책을 출판하고 싶다는 생각이 처음 들었을 때 나는 몇 달 동안 마법을 열심히 실행했지만 소망은 이루어지지 않았다. 그러다가 영혼의 여정을 더 거치고 내가 이 지구에 어떤 기여를 해야 하는지 의문이 풀렸을 때 비로소 소망은 이루어졌다. 나는 작가가 되리라는 믿음을 한 번도 잃은 적이 없다. 뚜벅뚜벅 나아가면서 나 자신을 다듬었고, 지금 당신은 그 여정의 결과를 읽고 있다.

나는 신비로운 우연의 일치를 사랑한다. 내 입술은 은혜로운 마법을 내보냈고 내 존재는 내 마법의 존재를 증명한다. 하지만 항상 이런 느낌이 드는 것은 아니다. 마법 작업의 결실을 보기 위해 특별히 노력을 기울여야 할 때도 있다. 마법은 실행하는 것이 전부다. 이것을 받아들일 때 모든 것이 순조롭게 풀리기 시작한다. 마법은 즐거워야 한다. 아름다운 미스터리를 기꺼이 삶 속으로 맞이하는 것이다. 자신의 여정에 반하고 자신의 마법에 반하는 것이다. 가능성이 무한한 세상을 여행하는 것이다. 당신은 마법이다. 그것을 항상 잊지 말아야 한다.

PART FIVE

Practice Responsibly

의로운 마법

10 Ways to Heal the Earth

지구를 치유하는 10가지 방법

지구 어머니, 우리의 집을 보호하려면 한시라도 빨리 내면의 마녀를 깨워야 한다. 모두가 각성하지 않으면 지구는 치유될 수 없다. 오늘날 만연한 만행 때문에 죽어가는 우리의 행성, 지구 어머니를 치유하고 보호하려는 노력을 기울여야 한다. 많이 하느냐 적게 하느냐는 중요하지 않다. 우리는 지구 어머니의 자녀이므로 그녀의 사랑에 보답하고 그녀를 안전하게 지킬 의무가 있다. 극적인 효과를 노리고 그냥 하는 말이 아니다. 극적으로 '행동'하자는 것이다. 마녀들이여, 깨어나라. 우리가 여기 지구에 온 목적과 소명을 기억하라. 뼛속 깊은 곳에서 느껴지는 지구 어머니의 외침, 도와 달라는 요청에 응답해야 할 때다. 지구 어머니의 건강을 위한 행동에 나서자. 일상에서도 얼마든지 작은 변화를 만들 수 있다. 우리 마녀들이 마법을 실천해 지구 어머니의 건강을 보호하는 방법도 있다. 그 중에 몇 가지를 소개한다.

1. 마법 작업이나 다른 집안일을 할 때 유리병을 재활용한다. 양초를 담는 유리병은 보관함이나 꽃병으로 사용한다.
2. 빗물을 받아 두었다가 마법 작업과 정원 일에 쓴다.
3. 재생지를 사용한다.
4. 라이터보다 성냥을 쓴다.
5. 자연 속에서 시간을 보내면서 당신이 얼마나 자연을 사랑하고 감사하는지 자연에게 알린다.
6. 집에서 천연 소재의 세정제를 사용한다.
7. 가능하면 빨래는 자연 건조 한다.
8. 지구의 상태에 대해 관심을 가지고 지켜본다.
9. 친환경적 기업과 사회적 기업에 투자한다.
10. 지구 어머니를 치유하는 데 당신의 마법을 사용한다.

지구 어머니와 그녀의 모든 자녀들을 치유하고 보호하는 데 앞장서는 사람들을 위해 나는 비영리 단체 <목적이 있는 마녀단>(The Witch's Purpose Organization)을 설립했다. 그것에 관한 정보는 내 웹사이트에서 얻을 수 있다.

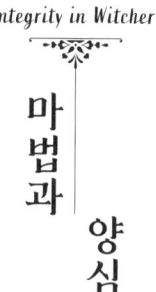

Integrity in Witchery

마법과 양심

현대를 살아가는 마녀들이 겪는 문제 중 하나는 문화의 도용(cultural appropriation)이 수반하는 문제, 즉 지배 문화가 소수 문화의 전통을 복제하면서 비롯되는 문제일 것이다. 진실과 양심이 전부인 마녀 사회에서 이것은 대단히 중요한 문제로 부상했다. 마녀로 산다는 것이 무엇인지에 대한 오해와 잘못된 정보들이 난무하는 상황에서 많은 사람들이 다른 문화의 요소들을 뜻하지 않게 오용하고 있다.

예를 들면 정화 작업에 허브나 향을 피우는 것은 마녀 사회는 물론이고 많은 문화권에서 나타나는 고대의 전통이다. 나는 '연기를 피우다'라는 표현보다 '정화하다'라는 표현을 선호한다. 연기를 피운다는 것은 북아메리카 원주민의 문화에서 쓰는 표현이기 때문이다. 그리고 정화 작업에 화이트 세이지는 추천하지 않는다. 화이트 세이지는 현재 멸종 위기종이기도 하고, 다른 세이지들을 써도 효과는 같다. 백향목(cedar), 향나무(Juniper), 로즈메리도 효과가 좋고, 유향이나 코팔 진액을 써도 상관없다.

본래의 문화권 밖에서 사용해서는 안 된다고 생각되는 마법과 표현 중에는 북아메리카 원주민들이 쓰는 '정령 동물(spirit animal)'이 있다. 이보다는 '정령 가이드(spirit guide)'라는 표현이 좋다. 그리고 '차크라(chakra)' 대신 '에너지 포인트(energy points)'를, 힌두교도를 위한 '만트라(mantra)' 대신 '챈트(chant)'를 권한다.

세상에 존재하는 수많은 사례들을 스스로 연구를 하고 의문을 가져야 한다. 단순히 유행하기 때문에 하는 것인가, 아니면 정말 관심이 있어서 하는 것인가? 이 문제에 관한 정보는 차고 넘치므로 깊이 파고들어 문화의 도용을 피할 줄 알아야 한다. 이 책을 쓸 때 나는 일부 마녀들만 사용하는 한정된 용어는 피하고 그것을 대신하는 말을 선택해 사용했다. 모두 다른 문화를 존중하면서 무엇은 괜찮고 무엇은 그렇지 않은지를 고려한 말들이다. 누구에게나 선택권이 있다. 타인의 감정을 살피고 존중하는 쪽을 선택하기 바란다.

더 큰 그림을 본다

나는 우리가 평화롭게 공존하는 날을 고대한다. 그날이 오면 인종이나 피부색, 성별, 외모, 종교, 신성한 행위가 아닌 만물과 만인의 영혼만이 우리의 눈에 보일 것이다. 정치색이 무엇이든, 누가 정권을 잡았든, 누구나 의견이 있고 모두의 의견은 반영되어야 한다. 변화를 만들기 위해서는 적극적으로 참여하고 실질적인 조치를 취해야 한다. 나는 환경 운동 쪽 후보로 공직에 출마한 적이 있는데, 그전에는 상상도 못한 일이었다. 마녀들이여, 그대들도 할 수 있다!

자기 지역의 공직자가 누구인지, 그들이 무슨 일을 하는지 알아보고 그들과 이야기를 나누어 보자. 그들은 당신의 말을 듣기 위해 그 자리에 있는 것이다. 그것이 그들의 본분이다. 누구나 의견이 있고 그 의견은 중요하다. 이민, 교육, 정신 건강, 평등과 권리, 기후 위기 등 가장 중요하게 느껴지는 문제들을 생각해 보자. 목소리를 높여 관심사와 생각을 말하되 차분하게 인내하고 존중해야 한다. 불에 불로 맞서 싸우라는 것이 아니다. 4원소의 균형을 맞추라는 뜻이다. 빗속에서 목소리를 높이라는 것이다.

변화를 일으키는 또 다른 방법은 저항의 물결에 동참하는 것이다. 나는 열혈 활동가로서 무엇이 통하고 무엇이 통하지 않는지 경험했다. 빛나는 활약을 하기 위해서는 먼저 자기 자신에 집중하고 현실에 발을 붙여야 한다. 평화로운 저항이 가장 효과적이다. 그것은 참가자들의 소망과 그들의 차원 높은 에너지를 재료로 외부의 4원소 안에서 크나큰 마법을 거는 것과 같다. 당신도 등불이 되어 올바른 메시지를 끌어당기고 내보낼 수 있다. 최종 결과와 다가올(현재보다는) 환경에 초점을 맞춘다. 부정적인 감정들을 모두 내보내야 생산적인 일을 하고 강력한 마력을 부릴 수 있다.

Continuing Your Journey

여정은 계속된다

어릴 때 나는 우리의 생각과 말이 얼마나 강력한 힘을 지녔는지 알지 못했다. 그러다가 내 말이나 생각과 실제로 일어난 사건 사이의 연관성을 깨닫기 시작했다.

나는 집안 환경이 여의치 않아 고등학교 3학년 때 혼자 살기 시작했다. 버려진 수도원에 임시 거처를 마련하고 건물 아래층의 유치원에서 일하면서 지내고 있었는데, 유치원 원장님이 내 형편을 알고 내게 위층 방을 하나 내주었다. 하지만 거기서 생활한다는 것을 아무에게도 말해서는 안 되었다. 전등은 없었지만 그래도 수돗물은 나왔다.

수도원은 거대했고 수도원이라는 이름에 걸맞게 어디를 가나 으스스했다. 아무도 살지 않는 여러 층 건물은 문이 수백 개나 됐고, 길고 텅 빈 복도들, 방황하는 유령들에다 새벽 서너 시가 되면 종소리가 저절로 울려 퍼졌다. 하지만 언젠가는 모든 것이 잘될 거라고 나는 진심으로 믿고 있었다. 내게는 이 지구에 온 목적이 있고 그것을 이루게 될 거라고 믿었다.

그래서 매일 밤 바닥에 무릎을 꿇고 방 벽에 걸린 십자가를 향해 기도를 올렸다. (십자가는 작은 창문을 통해 달빛이 비치는 유일한 위치에 걸려 있었다.) 내게 주어진 모든 기회에 감사하고 아무도 해치지 못할 곳에 머리를 뉘일 수 있다는 것에 감사했다. 내게 축복이 이어질 것과 내가 무엇이 되든 그것으로 인도될 거라는 믿음을 되새겼다.

상황은 날마다 조금씩 나아졌다. 나는 주어진 기회에 발맞추어 걸어갔고, 그 노력은 결국 나를 지금의 나로 이끌었다. 순조롭기만 했던 것은 아니다. 많은 우여곡절이 있었지만 역경조차 내 몸과 마음이 원하는 곳으로 나를 데려갔다. 마침내 나는 내면에 살고 있는 진실에 눈을 뜨게 되었다.

왜 이런 이야기를 하느냐고? 아무리 암울한 시기라도 긍정적인 생각의 힘이 중요하다는 걸 말하고 싶기 때문이다. 삶은 쉽지 않다. 원하는 곳으로 가기까지 많은 수고가 필요하지만, 당신에게는 목적지에 도달할 수 있는, 원하는 바를 이룰 수 있는 능력과 힘이 있다. 그리고 자신을 온전히 포용하고 자신의 마법을 공유할 책임이 있다. 그것이 자신과 세상에게 책임을 다하는 길이다.

마법을 장난삼아 가볍게 시도해서는 안 된다. 마법은 삶의 방식이다. 그것이 싫다면 아마도 마법은 당신이 가야 할 길이 아닐 것이다. 하지만 이 책을 읽고 이 지혜 안에 살기로 결정한 사람이라면 누가 뭐라고 해도 길을 제대로 찾은 것이다. 우리는 우주를 향해 우리의 마법을 빛내기 위해 여기 왔다. 그것은 준비를 마치고 기꺼이 내면의 마녀를 끌어안는 사람만이 할 수 있는 일이다.

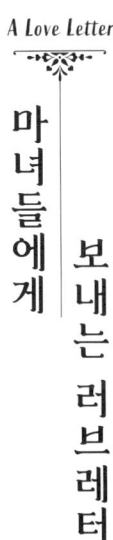

마녀들에게 보내는 러브레터

A Love Letter

사랑하는 나의 마녀들에게

마법을 익히다 보면 조금 힘에 부칠 때가 있을 거예요. 특히 관련 서적과 온라인에 떠도는 글이 수없이 많아서 어떤 것을 믿어야 할지 난감하다면 더욱 그럴 겁니다. 이 책은 여러분 자신과 치유 에너지, 우리의 마법에 접속하는 데 도움이 되고자 하는 마음에서 탄생했습니다.

어떤 책을 100퍼센트 따라할 필요는 없습니다. 이 책도 마찬가지고요. 사실 어떤 책도 따르지 않아도 괜찮습니다. 배운 것들 중에서 취사선택해도 좋고, 스스로 깨친 지식을 포함해도 좋습니다. 그저 자연스럽게 마음이 가는 대로 하면 됩니다.

내가 알기로 많은 마녀들이 특정한 길, 특별한 마법을 따르고 있습니다. 그들은 이른바 초록 마녀(Green Witch), 부엌 마녀(Kitchen

Witch), 전기 마녀(Electric Witch), 바다 마녀(Sea Witch) 등등 다양하게 불리죠. 하지만 만약 다른 길을 가고 싶다면, 스스로 새로운 길을 개척하고 싶다면 그렇게 하세요. 길을 내고, 다지고, 탐험하고, 수련하는 겁니다. 그 길이 여러분에게 꼭 맞는다는 느낌이 들 때까지 말이에요.

마녀의 길을 떠난 지 얼마 되지 않았거나 진정한 자아를 모른 채 길을 걸어온 경우라면 성공은 시간이 걸린다는 말을 하고 싶어요. 길을 잃은 느낌, 제자리를 뱅뱅 도는 느낌, 감당하기 힘들다는 느낌이 들 때가 올 겁니다. 버텨야 합니다. 무엇보다 중요한 건 자신과 자신의 힘에 대한 믿음을 잃어서는 안 된다는 거예요. 인내심을 갖고 꾸준히 수련한다면 분명 나아질 겁니다. 매일 마법의 기운을 발산하는 아주 노련하고 강력한 마녀로 진화할 거예요.

오늘도 애쓰고 있을 세상의 모든 마녀들, 가정이 무너지고 가슴이 무너진 마녀들, 기댈 데 하나 없는 마녀들, 믿을 사람 하나 없는 마녀들, 고통을 겪고 나서 잿더미에서 막 일어나려는 마녀들에게 내 사랑을 보냅니다. 나는 여러분을 아끼고, 우리 모두를 위해 목소리를 높이는 것을 멈추지 않을 겁니다. 여러분은 그럴 자격이 있는 존재입니다. 그러니 여러분이 얼마나 신성한지 절대 잊지 마세요. 만약 삶이 거칠게 나온다면 더 세게 받아 치세요. 또 모르죠, 여러분이 더 강할지도요. 가진 것을 활용하고 무리하지 마세요. 항상 감사하는 마음을 갖는 거 잊지 마시고요.

내면에 자리한 마녀를 향해 심연 속으로 뛰어든 여러분. 나는 여러분 모두가 정말 자랑스럽습니다. 이 책이 여러분을 치유하고 강인함을 주었기를, 여러분 자신을 더 깊이 이해하고 여러분의 진실과 마법에 더 가까이 다가가는 계기가 되었기를 바랍니다. 마법을 향해 걸어가는 여정은 끝이 없습니다. 새롭게 익혀야 할 것들, 해결해야 할 문제들이 항상 생겨날 거예요. 여러분이 유능하고 강하다는 걸 잊지 마세요. 사랑과 연민이 넘치는 가슴으로 자신의 모든 면을 품어 주세요. 언제나 진실하세요. 여러분 스스로가 마법이라는 걸 한시도 잊지 말고요.

내면의 마녀는 자신을 품어준 여러분에게 감사할 거예요.

Stay CoYnnected
연락하고 지내요

내게 공동체는 항상 신성한 존재였고 앞으로도 그럴 것이다. 소셜 미디어를 통하거나 내 웹사이트의 뉴스레터에 등록해서 나와 항상 연결돼 있기를 바란다. 사진을 올릴 때 나를 태그하거나 이 책에 나오는 마법을 올려도 좋다. 내 웹사이트로 내게 직접 연락해도 된다.

https://linktr.ee/iamjulietdiaz
인스타그램 @iamjulietdiaz
support@iamjulietdiaz.com

아름답고 마법이 충만한 여정이 되기를.

줄리엣 디아즈

ResoYurces
세상의 마법 상점

내가 애용하는 마법 상점들이 전세계에 몇 군데 있다. 그 상점들은 오일과 양초, 허브를 포함해 마녀들이 쓰는 온갖 상품을 취급한다. 어떤 곳은 전세계 해외 배송이 가능하지만, 직접적인 대면이나 방문이 가능한 곳을 원하는 마녀들은 아래의 상점들 중 가까운 곳을 이용하길 바란다.

USA

· **November Sage Apothecary**
14 State Route 5, Palisades Park, NJ 07650
Tel: (1) 201 877 6695
info@novembersage.com
www.novembersage.com

· **HausWitch Home and Healing**
144 Washington Street, Salem, MA 01970
Tel: (1) 978 594 8950
www.hauswitchstore.com

Canada	**· Seven Sisters Ritual** www.etsy.com/shop/SevenSistersRitual
UK	**· Mysteries London** 34 Shorts Gardens, London WC2H9PX Tel: +44 (0)20 7240 3688 london@mysteries.co.uk www.mysteries.co.uk **· Mysteries Brighton** 54 Gardner Street, Brighton, East Sussex BN1 1UN Tel: +44 (0)1273 690360 www.mysteries.co.uk **· White Witch** 1 Church St, Waltham Abbey, Essex EN9 1DX Tel: +44 (0)1992 712794 info@witchesofwalthamabbey.co.uk **· A Coven of Witches** The Cross, Burley, Hampshire BH24 4AA Tel: +44 (0)1425 402449 sales@covenofwitches.co.uk www.covenofwitches.co.uk **· The Wyrd Shop** 154 Canongate, Edinburgh EH8 8DD Tel: +44 (0)131 557 2293 sales@wyrdshop.com www.wyrdshop.com **· Everywitchway** Three Ways, Back Lane, Skerne, Driffield,

Yorkshire YO25 9HP
Tel: +44 (0)1377 241063
info@everywitchway.co.uk
www.everywitchway.co.uk

Australia · **Spellbox**
Shop 17, Royal Arcade, 331-339 Bourke Street Mall, Melbourne VIC 3000
Tel: (61) 3 9639 7077
magick@spellbox.com.au
www.spellbox.com.au

About The Author
저자에 관하여

줄리엣 디아즈는 오랫동안 치유술을 펼쳐온 유서 깊은 쿠바 마녀 집안 출신의 마녀. '노벰버 세이지 약국(November Sage Apothecary)'와 '티에라 사그라다(Tierra Sagrada)' 학교 및 동명의 자매단을 운영하고 있다.

줄리엣은 치유자이자 예언자이며 허브 전문가이다. 약초학 석사 학위를 보유한 학자이기도 하다. 자연 치유술사로서 능력을 널리 인정받고 있으며, 식물과 나무, 영혼들과 소통하는 능력 또한 뛰어나다는 평을 받고 있다. 줄리엣은 대단히 민감한 감각 능력의 소유자로, 3살 때부터 힐링과 에너지 리딩, 영혼과의 소통 같은 분야에 천부적인 재능을 보였다.

그녀는 우리의 내면에 마법이 존재한다는 믿음을 가지고 진실을 세상에 전파하고 사람들이 자신의 힘을 깨닫도록 돕는 일에 열과 성을 다하고 있다.

번역 황소연

글 노동자. 연세대학교를 졸업하고 출판기획자를 거쳐 전문 번역가가 되었다. 옮긴 책으로 베아트릭스 포터의 『피터 래빗 전집』, 루이자 메이 올콧의 『작은 아씨들』, 서머싯 몸의 『인생의 베일』, 『케이크와 맥주』, 메리 셸리의 『프랑켄슈타인』, 헤밍웨이의 『가진 자와 못 가진 자』, 휴버트 셀비 주니어의 『브루클린으로 가는 마지막 비상구』, 찰스 부코스키의 시집 『사랑은 지옥에서 온 개』, 『망할 놈의 예술을 한답시고』, 『에드가 앨런 포 단편선』 등이 있다.

불타버린 마녀의 수첩

1판 2쇄 펴냄 2023년 5월 1일
지은이　　줄리엣 디아즈
펴낸이　　라성일
옮긴이　　황소연
편집　　　이경인
디자인　　eu.park

출판등록　2022. 6.23 (제2022-000073호)
E-Mail　　linolenic@hanmail.net
Instagram　@Publisher_peramica
ISBN 979-11-982195-0-3(13290)